실전 SQL 퀵스타트

SQL QuickStart Guide

SQL QuickStart Guide by Shields Walter © 2019 by ClydeBank Media LLC All rights reserved. ClydeBank Media LLC is not affiliated with J-Pub Co., Ltd., or responsible for the quality of this translated work. Translation arrangement managed by Russo Rights LLC and Agency One Korea on behalf of ClydeBank Media LLC.

Korean Translation Copyright © 2024 by J-Pub.

이 책의 한국어판 저작권은 에이전시 원을 통한 저작권사와의 독점 계약으로 제이펍에 있습니다.
저작권법에 의해 한국 내에서 보호를 받는 저작물이므로 무단 전재와 무단 복제를 금합니다.

실전 SQL 퀵스타트

1판 1쇄 발행 2024년 5월 16일

지은이 월터 실즈
옮긴이 한선용
펴낸이 장성두
펴낸곳 주식회사 제이펍

출판신고 2009년 11월 10일 제406-2009-000087호
주소 경기도 파주시 회동길 159 3층 / **전화** 070-8201-9010 / **팩스** 02-6280-0405
홈페이지 www.jpub.kr / **투고** submit@jpub.kr / **독자문의** help@jpub.kr / **교재문의** textbook@jpub.kr

소통기획부 김정준, 이상복, 김은미, 송영화, 권유라, 안수정, 박재인, 배인혜, 나준섭
소통지원부 민지환, 이승환, 김정미, 서세원 / **디자인부** 이민숙, 최병찬

진행 송영화 / **교정·교열** 김은미 / **표지 및 내지 디자인** 이민숙 / **내지 편집** 백지선
용지 타라유통 / **인쇄** 해외정판사 / **제본** 일진제책사

ISBN 979-11-93926-15-4 (93000)
책값은 뒤표지에 있습니다.

※ 이 책은 저작권법에 따라 보호를 받는 저작물이므로 무단 전재와 무단 복제를 금지하며, 이 책 내용의 전부 또는 일부를 이용하려면 반드시 저작권자와 제이펍의 서면 동의를 받아야 합니다.
※ 잘못된 책은 구입하신 서점에서 바꾸어드립니다.

제이펍은 여러분의 아이디어와 원고를 기다리고 있습니다. 책으로 펴내고자 하는 아이디어나 원고가 있는 분께서는 책의 간단한 개요와 차례, 구성과 지은이/옮긴이 약력 등을 메일(submit@jpub.kr)로 보내주세요.

실전 SQL 퀵스타트

월터 실즈 지음
한선용 옮김

SQL QuickStart Guide

Jpub
제이펍

사랑하는 가족 Julien, Max, Elke, Norma에게 감사합니다.
가족들의 헌신적인 지원이 없었다면 이 책을 쓸 수 없었을 것입니다.

차 례

옮긴이 머리말 ······ xi 베타리더 후기 ······ xiv
추천의 글 ······ xii 시작하며 ······ xvi

PART 1 SQL 학습 환경

CHAPTER 01 데이터베이스의 구조 이해

- 기본 용어 ······ 3
- 관계형 데이터베이스의 기본 요소 ······ 6
- 데이터 타입 ······ 14
- 관계형 데이터베이스 관리 시스템 ······ 17
- SELECT 문 ······ 18
- 쿼리, 문, 절, 키워드 ······ 19
- SQLite 소개 ······ 20

요약 21

CHAPTER 02 SQL 도구와 전략

- sTunes 데이터베이스 ······ 23
- SQLite용 DB 브라우저 소개 ······ 24
- SQLite용 DB 브라우저 설치 ······ 24
- SQL 지식을 테스트하는 방법 ······ 24
- 성공 전략 ······ 25

요약 27

CHAPTER 03 SQLite에서 데이터베이스 탐색

- 운영체제별 실행법 ·········· 29
- sTunes 데이터베이스 열기 ·········· 30
- 데이터베이스 구조 ·········· 31
- 개별 레코드 보기 ·········· 33
- SQL 실행 탭 ·········· 34
- 데이터 분석 체크포인트 ·········· 37

요약 38

PART 2 SQL 문 작성

CHAPTER 04 쿼리 시작

- 쿼리 주석 ·········· 41
- 쿼리의 기본 구조 ·········· 43
- 쿼리 시작 ·········· 43
- 문법과 관습 ·········· 46
- 필드에 별칭 사용 ·········· 47
- ORDER BY 절 ·········· 49
- LIMIT를 사용해 상위 10개 레코드 선택 ·········· 51
- 데이터 분석 체크포인트 ·········· 53

요약 54

CHAPTER 05 데이터를 정보로 변환

- 비교, 논리, 산술 연산자 ... 56
- WHERE 절로 레코드 필터링 ... 57
- 텍스트로 레코드 필터링 ... 62
- LIKE 연산자와 와일드카드 검색 ... 64
- 날짜로 레코드 필터링 ... 68
- DATE() 함수 ... 69
- 두 가지 필드에 AND와 OR 연산자 사용 ... 70
- OR 연산자 ... 71
- 괄호를 사용해 연산자 순서 지정 ... 72
- CASE 문 ... 74
- 데이터 분석 체크포인트 ... 79

요약 80

CHAPTER 06 다중 테이블

- 조인이란? ... 81
- 조인과 관계형 데이터베이스의 구조 ... 84
- 조인과 별칭 ... 86
- 조인 타입 ... 89
- 3개 이상의 테이블을 사용하는 내부 조인 ... 96
- 왼쪽 조인과 NULL, IS, NOT ... 100
- 오른쪽 조인을 왼쪽 조인으로 전환 ... 103
- 데이터 분석 체크포인트 ... 105

요약 106

CHAPTER 07 함수

- 쿼리 안에서 계산 수행 — 108
- SQL의 함수 타입 — 108
- 문자열 함수 — 110
- 문자열 병합 — 112
- 문자열 잘라내기 — 114
- 기타 문자열 함수 — 117
- 날짜 함수 — 118
- 집계 함수 — 122
- ROUND()와 함수 중첩 — 124
- GROUP BY 절과 집계 함수 — 125
- 그룹화된 쿼리에 HAVING 절 사용 — 127
- WHERE 절과 HAVING 절 — 129
- 여러 필드에 GROUP BY 사용 — 130
- 함수에 대한 마지막 노트 — 131
- 데이터 분석 체크포인트 — 132
- 요약 — 133

PART 3 고급 SQL 주제

CHAPTER 08 서브쿼리

- 서브쿼리와 집계 함수 — 138
- SELECT 문의 서브쿼리 — 139
- WHERE 절의 서브쿼리 — 140
- 집계 함수가 없는 서브쿼리 — 142
- 서브쿼리에서 여러 값 반환 — 143

- 서브쿼리와 DISTINCT 키워드 — 144
- 데이터 분석 체크포인트 — 149

요약 150

CHAPTER 09 뷰

- 기존 쿼리를 뷰로 변환 — 151
- 뷰를 사용하는 이유 — 153
- 뷰 수정 — 154
- 뷰와 조인 — 155
- DROP 문으로 뷰 제거 — 157
- 데이터 분석 체크포인트 — 158

요약 159

CHAPTER 10 데이터 조작 언어(DML)

- 데이터 분석과 데이터베이스 관리 — 161
- 데이터 삽입 — 162
- 데이터 업데이트와 SET 키워드 — 165
- 데이터 삭제 — 167
- 데이터 분석 체크포인트 — 168

요약 169

맺음말 — 170

APPENDIX 부록

APPENDIX I 데이터 분석 체크포인트 질문과 해답

3장 데이터 분석 체크포인트	179
4장 데이터 분석 체크포인트	181
5장 데이터 분석 체크포인트	183
6장 데이터 분석 체크포인트	186
7장 데이터 분석 체크포인트	188
8장 데이터 분석 체크포인트	190
9장 데이터 분석 체크포인트	193
10장 데이터 분석 체크포인트	196

APPENDIX II SQL 키워드 리스트

4장 키워드	199
5장 키워드	200
6장 키워드	202
7장 키워드	204
8장 키워드	205
9장 키워드	206
10장 키워드	206

용어 사전	208
찾아보기	213

옮긴이 머리말

《실전 SQL 퀵스타트》를 선택해주신 독자분께 감사드립니다.

데이터의 중요함은 두말할 필요가 없습니다. 데이터베이스 관련 업무에 종사하는 사람이 아니라 아주 간단한 프런트엔드 관련 업무만 하더라도, 데이터베이스가 어떻게 동작하는지 간단히 이해한다면 훨씬 효율적으로 데이터를 주고받을 수 있게 프로그램을 만들 수 있습니다.

이 책은 데이터베이스에 관해 설명하지만, 전문가가 아니면 굳이 알 필요 없는 복잡하고 자세한 전문적인 내용은 거의 다루지 않습니다. 굉장히 실용적인 관점에서, 아무것도 모르는 초보자라도 따라하다 보면 어느새 기본적인 내용을 잘 알 수 있도록 짜여 있습니다. 사용하는 프로그램 역시 무료로 공개된 SQLite를 선택했으므로 아무런 부담 없이 실습해볼 수 있습니다(SQL은 ANSI 표준을 따르도록 만들어져 있어서, 프로그램이 달라도 기본적인 명령은 모두 호환됩니다).

처음 접하는 분께는 데이터베이스라는 이름이 다소 벅차게 느껴질 수도 있겠지만, 다른 분야와 마찬가지로 기본적인 사항은 생각보다 그리 어렵지 않습니다. 이 책과 함께 하신다면 기본적인 내용을 더 쉽게 익힐 수 있다고 생각합니다.

책을 선택해주신 독자분께 감사하고, 좋은 책을 권해주신 제이펍 출판사에 감사합니다. 옮긴이의 어색한 번역을 다듬어주신 송영화 편집자님께 특히 감사드립니다.

한선용

추천의 글

각종 프레임워크가 제공하는 ORM_{object relational mapping} 기능에만 의지하면서 종종 데이터베이스가 느리다고 불평합니다. 이런 자동화된 도구가 만들어낸 SQL을 직접 확인해보면 끔찍할 때가 많습니다. 어떨 때는 데이터베이스에 큰 잘못을 하는 것 같은 생각도 들죠(이런 의인화가 익숙하다면 개발자의 길로 들어서고 있다는 증거입니다). 그도 그럴 것이 이런 도구는 데이터에 녹아 있는 비즈니스 관계는 알지 못하기 때문입니다. 하나의 우아한 SQL로 필요한 데이터를 잘 정돈하여 추출하는 기술은 예술에 가깝습니다. 이런 예술의 맛을 한번 느끼면 좀처럼 헤어 나오기 힘들죠. 데이터 분석가는 물론 데이터를 다루는 사람들이 꼭 배워야 할 기술 중에서 SQL이 빠지지 않는 이유입니다.

이 책은 기본적인 SQL 문법뿐만 아니라 고급 기법까지 알차게 담고 있고, SQLite를 사용해 당장 내 컴퓨터에서 실습할 수 있어 아주 좋습니다. 챗GPT에 물어봐도 되는데 SQL을 따로 배울 필요가 있냐고요? 어휴, 챗GPT도 아는 걸 몰라서야 어디 명함도 못 내밀걸요. 제 말을 믿고 지금 시작해보세요.

박해선(Microsoft AI MVP, 《혼자 공부하는 머신러닝+딥러닝》 저자)

데이터를 분석에 많이 사용하는 도구인 SQL에 관심 있는 분들이 이 책을 볼 것 같습니다. 프로그래밍을 배워본 분이라면 쉽게 이해할 수 있지만, 처음 학습하는 분들은 SQL이 어렵다고 느낄 수 있습니다. 이런 경우엔 기본 개념부터 하나씩 알려주는 내용이 필요합니다. 예를 들어 프로그래밍을 배우기 전이라면 자료형이 무엇인지도 알기 어려울 수 있습니다. 이 책은 SQL을 사용하기 위한 기본 개념들을 하나씩 잘 알려줍니다. 데이터베이스가 무엇인지, 테이블이 무엇인지, 그 안에 레코드와 필드가 어떤 개념인지 등 책을 읽으며 기본 개념을 친절하게 설명한다는 느낌을 받았습니다.

이 책에선 데이터베이스, SELECT, FROM, WHERE, 데이터 타입, GROUP BY, JOIN, 서브쿼리, 뷰 등을 다룹니다. 저도 SQL을 강의할 때 이 내용만 이해해도 충분히 SQL 쿼리문을 작성할 수 있다고 말하는데, 비슷한 구성을 가진 것을 보고 잘 만들어진 기본서라는 생각이 들었습니다. SQL을 처음 학습하는 분들이라면 이 책으로 시작하는 것을 추천합니다.

변성윤(카일스쿨)

이 책은 SQL을 처음 접하는 이들에게 훌륭한 퀵스타트 가이드이자 데이터와 대화를 시작하고자 하는 모든 이들을 위해 풍부한 예제가 담긴 사례집입니다. 각각의 내용이 분리된 것이 아니라 독자가 온라인 음악 판매 회사의 데이터를 분석하는 분석가라고 가정하고 그 전체 과정을 따라가는 방식으로 설명합니다. 그래서 초보자에게는 책의 내용이 더욱 와닿을 것입니다. 단순히 SQL 문법만 알려주는 것이 아니라 데이터를 왜 이렇게 선별하는지, 왜 이런 조건을 두는지 등 실제 사례를 적용해 배우니 신입 분석가로 입사하여 사수에게 지극정성으로 교육받는 느낌이 듭니다.

또한, 딱딱한 글로만 설명하는 게 아니라 쿼리를 차근차근 라인별로 설명하고, 적절한 그림과 예시 데이터, 테이블 관계도를 통해 데이터에 대한 이해와 함께 SQL 지식을 전달합니다. 부록으로 제공하는 데이터 분석에 관한 다양한 사례와 그에 대한 실무 관점의 해설 역시 이 책의 큰 장점으로, 이는 SQL로 데이터 분석에 입문한 독자에겐 또 한 권의 책이 더 생긴 셈입니다. 질문과 해답이 제공되는데 이를 잘 따라간다면 SQL 입문을 넘어서서 분석의 입문까지 도달할 수 있습니다.

저자의 교육자로서 쌓아온 경험이 많이 녹아 있어 이해하기 쉽게 술술 읽히는 입문서입니다. SQL과 데이터 분석에 처음 도전하는 입문자가 이 책을 통해 자신감을 얻고, 나아가 자신만의 데이터 분석 여정을 시작할 수 있기를 바랍니다.

한상윤(우아한형제들 데이터 엔지니어)

베타리더 후기

김용현(Microsoft MVP)
SQL 기초부터 실습까지! 이 책은 SQL 초보자를 위해 필수 개념과 사용법을 체계적으로 제시합니다. 샘플 데이터베이스와 도구가 제공되어, 데이터베이스 지식이 없는 독자도 PC만 있으면 쉽게 따라 할 수 있습니다. 이론과 실습을 통해 누구나 데이터베이스를 자유자재로 다루게 됩니다.

김호준(현전사)
SQL에 막 입문하는 초보자에게 딱 맞는 책입니다. 설명들도 군더더기 없이 깔끔하게 핵심만 이야기하며 예제들도 따라 하기 쉽게 적절한 난이도를 보여줍니다. 특히 SQLite를 사용하여 설명 및 예제를 진행하는 부분이 인상적이었습니다. 마지막 부분에는 저자의 데이터베이스 직무 분야에 대한 간략한 조언도 담고 있어서 데이터베이스를 처음 접하는 신입 개발자분들에게 여러모로 도움이 많이 될 듯합니다.

박조은(오늘코드)
갑자기 데이터베이스에서 필요한 데이터를 추출해야 하는 업무를 맡게 되었는데 SQL 쿼리 작성이 처음이라 기본적인 쿼리를 빠르게 익혀보고자 할 때 적합한 책입니다. 기본적인 쿼리와 조인, 집계 함수 등을 사용하여 비즈니스 환경에서 원하는 데이터를 추출하고자 하는 입문자분들에게 추천합니다.

이기하(오픈플랫폼 개발자커뮤니티)

초심자에게 데이터베이스를 이해할 수 있도록 쉽게 작성되었습니다. 하나씩 실습을 해본다면 어느새 간단한 쿼리를 쓸 수 있는 정도의 수준이 될 것입니다. 또한 중간마다 나오는 체크포인트를 잘 작성해 보고, 부록에서 답을 찾아보시기를 권장합니다.

 한상곤(부산대학교 산업수학센터)

개인적으로 이 책이 초급자가 SQL을 학습하는 데 가장 좋은 방식과 구조를 제시한다고 생각합니다. 즉, 초급자가 혼자서 실습을 병행하며 읽을 수 있는 몇 안 되는 책입니다. 이 책은 복잡한 프로그램 없이 곧바로 실습할 수 있으며, 초급자가 가장 많이 활용하는 SELECT 문을 중심으로 내용이 구성되어 있습니다.

 허민(한국외국어대학교)

음악 판매 데이터베이스를 활용하여 SQL을 요소별로 구성해 가며 실습 위주로 학습할 수 있는 점이 인상적입니다. 보통 DBMS라는 장애물에 막혀 SQL 학습이라는 본질을 흐리기 쉬운데 이 책에서는 실습 환경 구성이 간단하고 많은 배경지식을 요하지 않는 SQLite를 활용하고 있어 SQL에 집중할 수 있도록 도와줍니다. SQL을 처음으로 배우는 독자들에게 추천하고 싶습니다.

제이펍은 책에 대한 애정과 기술에 대한 열정이 뜨거운 베타리더의 도움으로
출간되는 모든 IT 전문서에 사전 검증을 시행하고 있습니다.

시작하며

매일, 매초 점점 더 많은 데이터가 수집됩니다. 여러분이 이 문장을 읽는 순간에도 구글은 50만 개가 넘는 쿼리를 처리합니다.[1] 유튜브에는 매분 300시간이 넘는 동영상 콘텐츠가 올라옵니다.[2] 그야말로 점점 더 많은 데이터가 쌓여가고 있습니다. 한편 스마트폰과 소셜 미디어는 모든 사람들을 빠르게(기하급수적으로) 데이터 생산자로 만들고 있습니다. 사람들은 스마트폰과 소셜 미디어를 통해 자신의 관심사, 행동, 생각, 느낌을 데이터로 바꿉니다. 각종 기업과 기관들은 데이터의 힘을 이용하지 않고서는 최대한의 효율과 이윤을 기대할 수 없다는 진실을 받아들이고 있습니다.

빅데이터의 경이로운 현실[3]

구글

유튜브

페이스북

아마존

- 매초 4만 개의 쿼리를 처리합니다.
- 2001년에는 275억 개의 쿼리를 처리했고, 이 숫자는 2012년에 1조 2천억 개로 증가했습니다.

- 2007년에는 매분 6시간의 동영상 콘텐츠가 업로드됐고, 이 숫자는 2015년에 400시간으로 늘어났으며 계속 증가하는 추세입니다.

- 브랜드와 단체들에 찍히는 '좋아요' 수는 매분마다 3만 5천 개에 이릅니다.
- 매월 300억 개의 콘텐츠가 공유됩니다.

- 2015년 기준으로, 데이터 센터들에 분산된 140만 개의 서버에 1억 5천만 명의 고객들이 제공하는 데이터를 저장합니다.

---

1 http://www.internetlivestats.com/one-second/
2 https://www.forbes.com/sites/bernardmarr/2015/09/30/big-data-20-mind-boggling-facts-everyone-must-read/#36eb197c17b1
3 https://www.dezyre.com/article/big-data-timeline-series-of-big-data-evolution/160

생성되는 데이터의 양 자체도 놀랍지만, 정말 놀라운 건 이제 막 그 모든 데이터를 활용하기 시작했다는 사실입니다. 수집되는 데이터 중 분석되는 건 고작 0.5퍼센트에 지나지 않습니다.[4] 수집된 데이터를 더 잘 활용할 수 있다면 그 잠재력에는 한계가 없습니다. 수익성과 효율이 좋아지고, 마케터는 대상 고객을 더 잘 이해할 수 있으며, 사기와 범죄를 더 효율적으로 예방할 수 있습니다. 하지만 이는 단지 시작일 뿐입니다. 데이터 분석은 항상 불충분하고, 이에 따라 숙련된 데이터 처리 전문가의 수요는 항상 넘쳐납니다. 바로 여기에 여러분이 필요합니다.

여러분은 아마 SQL structured query language(구조화된 쿼리 언어)을 배우고 싶어서 이 책을 택했을 것입니다. 여러분은 세상에서 데이터의 역할이 계속 확대되고 있다는 사실을 충분히 인지하고, 데이터를 최대한 활용할 수 있는 능력을 갖추길 바라고 있습니다. 아주 현명한 결정입니다. 독자 중에는 학교에서 SQL을 배운 사람도 있을 테고, 현업에 종사하면서 기술을 더 발전시키려는 사람도 있을 것입니다. 어느 쪽이든, 이 책에서 설명하는 단순한 접근 방식은 가치가 있을 것입니다.

SQL(정확한 발음은 '에스큐엘'이지만 '시퀄'이라 읽기도 합니다)은 코딩 경험이 없는 일반인도 데이터베이스를 이해하고 빅데이터를 정보로 변환하여 비즈니스에 더 나은 영향을 미치는 결정을 내리는 데 사용할 수 있도록 지원하는 언어입니다. 필자는 18년째 SQL을 비롯한 빅데이터 관련 업무에 종사해왔지만, 초보자 시절을 아직 잘 기억하고 있습니다. 데이터 관리에 익숙해지기까지는 시간이 좀 필요했습니다. 필자가 처음으로 마이크로소프트 액세스를 배우던 때만 해도 데이터 관리는 IT 분야의 한 가지일 뿐, 현재와 같은 의미는 없었습니다. 최근의 정보 홍수와 비교하면 당시의 데이터는 매우 적었습니다. 요즘에는 구글의 검색 쿼리, 페이스북에서 공유하는 포스트, 아마존에서 별점 5개를 받은 리뷰가 모두 어딘가의 서버에 저장되며 어떤 형태로든 이용됩니다. SQL은 빅데이터를 해석할 때 필수적인 도구이므로 이 언어를 익힌 사람을 찾는 곳은 점점 늘어나는 추세입니다. 현대의 기업은 모두 많든 적든 데이터 언어를 사용합니다. 여러분은 이 책을 통해 데이터 언어에 능숙해질 수 있을 것입니다.

---

[4] https://www.technologyreview.com/s/514346/the-data-made-me-do-it/

필자의 이야기

필자는 1990년대 후반부터 SQL을 배우기 시작했습니다. 당시에는 빅데이터라는 개념이 거의 없었고, SQL 정규 교육도 아주 드물었습니다. 따라서 필자는 정규 교육보다는 시행착오를 통해 SQL을 배웠고, 사실 직접 에러를 겪으면서 더 많은 걸 배웠습니다. 필자는 비록 컴퓨터 과학에서 학사 학위를 받고 경영 정보 시스템 석사 학위를 받았지만, 그럼에도 불구하고 이런 정규 과정(때로는 지나치게 이론 중심인)이 데이터 과학 분야에서 성공하기 위해 꼭 필요하다고는 생각하지 않습니다. 18년 동안 스타트업부터 포춘 500대 기업에 이르는 다양한 규모의 기업과 또 법률, 건강 관리, 유통 등 다양한 분야에서 SQL을 포함해 프로그래밍 언어를 사용하는 여러 가지 업무에 종사하며 이 생각이 더 확고해졌습니다.

교육 과정과 여러 직무를 거치며 느낀 것이 있다면 빅데이터의 세계에서 전문가가 되기 위해 훨씬 더 현실적인 방법이 있다는 것입니다. 필자는 여러모로 고생했지만, 여러분이 그 길을 반복할 필요는 없습니다. 사실 필자가 이 책을 쓰게 된 계기는 필자의 경험을 더 단순하고 현실적이며 실용적으로 정리하고 싶었기 때문입니다.

필자는 가족의 영향으로 누군가를 가르치는 일을 좋아하는 편입니다. 필자는 트리니다드라는 나라에서 태어났는데, 들어본 독자도 있겠지만 사실 지도에도 표시되지 않는 나라입니다. 트리니다드는 남미 대륙의 북단과 카리브해의 남단에 위치한, 2개의 섬으로 이루어진 작은 나라이며 공식 명칭은 '트리니다드 토바고'입니다. 카리브해는 크루즈, 카니발, 소카, 레게 음악 등으로 유명하지만, 트리니다드의 삶은 그런 낭만과는 거리가 있습니다.

필자의 어머니는 문학 교사이자 고등학교 교장이었고, 학교에 출근하지 않을 때는 집에서 피아노를 가르쳤습니다. 어머니는 항상 아이디어를 공유하고 가르치며 학생들에게는 아무것도 아끼지 않았습니다. 어머니는 자신이 배운 기술과 지식을 공유하는 게 사회적 책임이라 생각했고, 늘 많은 시간을 들여 주변 사람들에게 자신이 배운 기술과 지식을 공유했습니다. 필자의 가족들 중 상당수가 이런 열정을 나눴습니다. 필자의 고모, 삼촌, 할아버지 모두가 교육자였습니다. 비록 필자는 미국에서 20년 가까이 살았지만, 매년 트리니다드로 돌아가 가족을 방문하고 인생이라는 놀라운 여정을 되돌아봅니다.

필자는 현장에서 일하지 않을 때는 정기적으로 초급 및 중급 수준의 학생들을 대상으로 SQL 데이터 시각화를 가르칩니다. 물론 필자는 코딩을 좋아하지만, 누군가를 가르치고 그들이 성공하는 모습을 볼 때 가장 큰 기쁨을 느낍니다.

책을 쓴 이유

이 책을 쓰면서 필자가 가진 목표는 필자 스스로가 이 분야를 처음 접했을 때 '이런 책이 있었다면' 하고 바랐을 법한 초보자용 도구 상자를 만드는 것이었습니다. 필자가 정규 과정에서 배운 이론적 접근 방식은 그리 실용적이지도 않고, 바쁜 업무 스케줄에 적합하지도 않았습니다. 시중에 나와 있는 SQL 서적 중 상당수는 데이터베이스와 쿼리 언어의 역사, 배경이 되는 컴퓨터 과학 이론에 많은 페이지를 할애합니다. 반면 이 책은 관계형 데이터베이스를 이해하는 데 핵심적인 내용만 다룹니다. 역사와 이론은 물론 중요하고 존중받아야 하지만, 이 책의 주제는 아닙니다. 책의 나머지 부분은 독자가 빅데이터를 활용하고 '의미 있는' 정보로 가공할 때 참조할 만한 실무 가이드로 구성했습니다. SQL을 배우려면 정기적으로 공부하고 연습해야 합니다. 좋은 스승은 단순히 학생들에게 정보를 주입하고 그들이 잘 해내기를 기대하지 않습니다. 좋은 스승은 책임감을 가지고 기대치를 설정하며 학생들에게 '할 수 있다'는 탄력적인 마음가짐을 유도하는 사람입니다. 필자는 필자의 전문성을 자랑하려고 이 책을 쓰지 않았습니다. 여러분의 성장에 기여하기를 바라는 마음을 담았습니다. 근무 시간에 데이터의 바다를 탐험하는 건 필자의 권한이자 즐거움입니다. 필자의 과제는 여러분이 두려움 없이 편안하게 이 바다에 들어갈 수 있도록 돕는 것입니다.

SQL 초보자도 사용할 수 있는 '퀵스타트' 자료를 만드는 건 꽤 어려운 시도입니다. 필자는 수백 명의 학생들에게 SQL을 가르쳐본 경험이 있으므로 효과적인 것과 아닌 걸 구분할 수 있습니다. 수년 동안 다양한 분야에서 열정을 가지고 SQL을 가르쳤습니다. SQL에 능숙해지면 곧 동료들이 여러분에게 도움을 청할 것입니다. 최근 마케팅의 데이터 분석을 원하는 경영진이든, 쿼리 작성에 도움이 필요한 동료이든, 일단 SQL을 능숙하게 다루면 여러분을 찾을 사람이 많아지리란 것은 자명합니다.

필자는 SQL 트레이닝 휠SQL Training Wheels과 데이터디사이디드닷컴Datadecided.com을 운영하고 있습니다.[5] 두 사업 모두 기술을 가르치는 데 중점을 두고 있습니다. SQL 트레이닝 휠은 뉴욕의 한 카

---

5 [옮긴이] 현재는 월터 쉴즈 데이터 아카데미(WSDA)만 운영하는 것으로 보입니다. https://wsdalearning.ai/

페에서 노트북 하나를 들고 시작했습니다. 필자는 과연 참가자가 있기는 할지 의문이었지만, 그건 SQL을 배우고자 하는 사람이 얼마나 많은지 몰라서 생긴 오해였습니다. 참가자는 아주 많았고, 계속해서 늘어났습니다. 그러다 보니 어느새 사업으로 발전했습니다.

수년 동안 SQL을 가르쳐온 경험은 항상 기쁨이었습니다. 필자는 교육자 집안에서 자랐고, 무언가를 배운 사람이 그로 인해 자신감을 얻고 긍정적으로 변화하는 걸 자주 목격했습니다. 필자의 고향인 트리니다드와 뉴욕은 엄청나게 멀리 떨어져 있지만, 학생들의 눈빛이 밝아지고 불안함이 가시는 걸 볼 때마다 어린 시절의 경험을 떠올리며 기쁨을 느낍니다. 이런 순간은 결코 지겨워지지 않습니다.

다양한 적성과 기술을 가진 학생들과 함께 교육 사업을 이어나가다 보니, 언젠가는 고향인 카리브해로 이 사업을 확장하고 싶다는 생각이 들었습니다. 트리니다드와 그레나다에서 몇 개의 강좌를 개설하면 정말 재미있을 것 같습니다. 미국에서의 경험을 바탕으로 카리브해 주변으로 프랜차이즈를 확장할 수 있다면 정말 기쁠 것입니다. 큰 꿈을 꾼다고 해서 나눔을 실천할 수 없다는 법은 없으니까요.

초보자에게 보내는 격려

SQL을 공부하려면 인내심이 꼭 필요합니다. 필자는 모든 학생들을 신뢰하지만, 좋은 교사라는 평가를 받으려면 결국 학생의 성공이 필수적입니다. 초보자에게는 SQL과 데이터베이스 관리가 벅차게 느껴질 수 있습니다. 이를 인정하고 넘어서서 끈질기게 도전하면 결국에는 성공할 수 있습니다. SQL을 완전히 처음 접하는 독자라면 다음을 꼭 염두에 두십시오.

- 실수를 두려워하지 마십시오. SQL 분야에는 **샌드박스**가 충분합니다. 달리 말해, 기존 데이터베이스를 망가뜨릴 걱정 없이 연습할 수 있는 방법이 많이 있으므로 초보자도 도전할 수 있습니다. 필자는 이 책에서 사용할 수 있는 예제 데이터베이스도 제공합니다. 예제 데이터베이스를 충분히 활용하고 시행착오를 통해 배우십시오.

- 이 책은 워크북입니다. 강조 표시를 하고, 밑줄을 긋고, 여백에 메모하십시오. 읽기만 해서는 SQL을 배울 수 없습니다. 직접 해보는 게 무엇보다 중요합니다. 이 책의 연습 문제는 현실의 시나리오를 반영할 수 있도록 만들었고, 이전 장에서 배운 내용을 바탕으로 천천히 쌓아 올릴 수 있도록 주의 깊게 구성했습니다. 새로운 개념이 어렵게 느껴진다면 기본으로 돌아가서 다시 한

번 살펴보길 권합니다.
- 보상은 아주 달콤할 것입니다! 여러분이 배우고 있는 기술은 IT 시대의 최첨단에 서서 세상을 바꿀 수 있는, 수요가 아주 높은 기술임을 잊지 마십시오. 조금 흥분해도 괜찮습니다!

책의 범위와 초점

SQL을 이미 알고 있는 독자라면 이 책을 유용한 복습 자료로, 쿼리를 작성할 때 참고하는 치트시트로 사용할 수 있습니다. 최근에 SQL을 배우기 시작한 독자라면 이 책을 입문서로 사용할 수 있고, 교재로도 활용할 수 있을 것입니다.

이 책은 기존 데이터베이스 소스를 이해하고 거기에서 유용한 정보를 추출하기 위해 필요한 기본적인 내용을 중심으로 합니다. 책에서 설명하는 표준 쿼리 메서드는 대부분 기존 데이터베이스를 변경할 위험 없이 안전하게 실행할 수 있습니다. 하지만 책 후반에서는 데이터베이스에 항목을 추가하거나 수정, 제거하는 쿼리(데이터 조작 언어, DML)에 대해 간단히 설명합니다. 데이터베이스에서 정보를 추출하는 데는 DML이 꼭 필요하진 않지만, 이 과정을 이해하는 건 분명 도움이 되고 데이터베이스 관리 분야의 직업을 가지려는 사람들에게는 필요한 내용이기도 합니다.

SQL과 직업

SQL은 컴퓨터 언어 중 가장 지속적인 요구가 있는 언어 중 하나입니다. SQL은 데이터베이스 관리 업무의 표준인 동시에 소프트웨어 엔지니어링, QA 테스트, 비즈니스 분석 등 다양한 분야에도 수요가 있습니다. 다음은 수많은 수요 중 대표적인 일부입니다.

- **데이터베이스 관리자**: 데이터베이스 관리자database administrator, DBA는 기업이 데이터를 저장하고 이에 접근하는 과정을 최종적으로 책임지는 직무입니다. DBA는 회사 데이터베이스를 구성하는 하드웨어와 소프트웨어를 구매하거나 변경할 때 주도적인 역할을 담당합니다. 또한 DBA는 데이터베이스 접근에 대해서도 책임을 집니다. 접근 권한, 비밀번호 관리 등도 DBA의 역할에 속합니다.
- **데이터베이스 개발자**: 데이터베이스 개발자의 주요 업무는 데이터베이스에 사용하는 SQL 코드를 지속적으로 확장하고 개선하는 것입니다. 대부분의 조직에서 데이터베이스 개발자는 숙련

되지 않은 사용자도 쉽게 사용할 수 있도록 일종의 SQL 템플릿을 만드는 업무를 담당합니다. 또한 SQL 개발자는 데이터베이스 테스트를 통해 충분한 성능과 최적화된 기능을 보장해야 합니다.

- **데이터 과학자**: 데이터 과학자는 데이터를 사용해 비즈니스에 가치를 더하는 방법을 찾아내고 개선합니다. 예를 들어, 아마존에서 일하는 데이터 과학자는 검색 데이터를 통해 로그인하는 고객에게 어떤 상품을 광고로 노출할지 결정하는 시스템을 설계할 수 있습니다.

대규모 데이터를 저장할 수 있는 능력은 계속 발전하고, 이에 따라 데이터 산업도 다양하게 분화하며 전문화되고 있습니다. 데이터베이스 관리, 데이터센터 운영, 데이터 관리 등 세분화된 학위를 수여하는 대학도 쉽게 찾아볼 수 있습니다. 데이터 관련 분야는 급격히 발전하고 있고, SQL은 이 분야의 공용어입니다.

데이터 업계에서 SQL을 익힌 인재를 선호하는 건 당연한 사실이며, SQL에 대한 실제 수요는 훨씬 더 많습니다. SQL 숙련자를 찾는 분야는 빅데이터뿐만이 아닙니다. SQL이 필수가 아닌 직업을 택하더라도, 다른 요건을 만족하면서 SQL 지식 역시 충분하다면 채용이나 승진에서 유리할 것입니다.

SQL을 충분히 익히고 숙련도를 증명할 수 있다면 업계 평균보다는 높은 연봉을 기대할 수 있습니다. 2018년 기준으로 미국에서 SQL을 익힌 사람의 평균 연봉은 8만 달러[6] 수준이었습니다. 정규직 채용을 원한다면 학교를 졸업한 뒤에도 실무 경험이 필요할 수도 있습니다. 실제 비즈니스 환경에서 SQL 기술을 테스트할 수 있는 인턴십 제도를 운영하는 회사도 많습니다.

독자 여러분 중에는 현재 일하는 회사 내에서 부서 이동 기회를 잡기 위해 SQL을 공부하려는 사람도 있을 것입니다. SQL 기술을 익히면 분명 회사에도 도움이 될 테니, 이를 위한 시간과 지원을 제공해달라는 주장을 제기할 계획이 있거나, 이미 주장해본 독자도 있을 것입니다. 그런 과정에서 인기 있는 인재가 된다면 더 좋은 일이지요.

SQL 숙련자를 찾는 곳은 아주 다양합니다. 데이터 분석을 통해 이윤을 창출하는 회사라면 SQL을 사용하고 있을 가능성이 높습니다. 데이터 분석을 통해 잠재적인 이익을 얻을 수 있는 업종을 생각해보십시오. 어렵지는 않을 것입니다. 사실 데이터 분석이 무의미한 업종을 찾기가 훨씬 어렵습니다. 따라서 빅데이터를 활용하는 데 능숙한 전문가가 된다면 수많은 러브콜이 쏟아질 것입니다.

---

[6] https://www.glassdoor.com/Salaries/sql-developer-salary-SRCH_K0,13.htm, (옮긴이) 2024년 기준으로는 11만-16만 달러 수준입니다.

각 장의 내용

새로운 기술을 배우는 방법은 무궁무진합니다. SQL에서는 바로 뛰어들어 연습하는 것보다 더 좋은 방법은 없습니다. 이 책은 여러분이 가능한 빨리 쿼리를 작성할 수 있도록 구성했습니다. 책은 총 3부로 나뉘며, 이들은 다시 서너 개 챕터로 세분화되어 있습니다.

1부 SQL 학습 환경: 1부에서는 데이터베이스 용어와 구조를 간단히 소개하고, 이 책에서 사용할 데이터베이스 소프트웨어를 설치합니다. 이미 SQL의 기본을 이해하고 있다 하더라도 책 전체에서 사용할 도구와 방법, 전략을 먼저 이해하는 게 좋으니 1부를 건너뛰지 않길 바랍니다.

- **1장 데이터베이스의 구조 이해:** 이 책에서 유일하게 '읽기만 하는' 장입니다. 1장에서는 관계형 데이터베이스의 개념, 데이터 타입을 소개하고 용어에 대해서도 간단히 설명합니다. 1장 이후는 전부 실습을 포함합니다.
- **2장 SQL 도구와 전략:** 2장에서는 무료 SQL 소프트웨어인 SQLite와 예제 SQL 데이터베이스에 대해 설명하고 이들을 활용하는 방법을 소개한 후 테스트로 넘어갑니다. 또한 책에 포함된 연습 문제와 기타 자료를 최대한 활용하는 방법도 설명합니다.
- **3장 SQLite에서 데이터베이스 탐색:** 3장에서는 SQL 브라우저에서 데이터베이스를 열고 그 내용을 탐색합니다. 3장을 마치면 SQL 브라우저를 써서 데이터베이스의 전체 구조를 탐색하고, 개별 테이블의 데이터를 확인하고, 'SQL 실행' 탭의 사용법을 익힙니다.

2부 SQL 문 작성: 2부에서는 간단한 쿼리를 작성하는 방법을 설명합니다. 기본인 SELECT 문으로 시작한 다음, 추가적인 SQL 키워드를 써서 더 구체적인 결과를 반환합니다.

- **4장 쿼리 시작:** 4장에서는 기본적인 SELECT 문을 소개하고, FROM 문을 사용해 테이블에서 원하는 데이터를 가져오는 방법, ORDER BY를 써서 알파벳순으로 정렬하는 방법, LIMIT를 써서 결과를 제한하는 방법을 설명합니다.
- **5장 데이터를 정보로 변환:** 5장에서는 WHERE 절과 WHERE 절에서 사용하는 비교/논리/산술 연산자에 대해 설명합니다. 또한 LIKE와 와일드카드, DATE() 함수, AND/OR 연산자, CASE 문에 대해 설명합니다.
- **6장 다중 테이블:** 6장에서는 INNER JOIN, LEFT JOIN, RIGHT JOIN 문에 대해 설명합니다. 조인은 여러 테이블을 비교해 데이터를 반환하는 방법입니다.

- **7장 함수:** 7장에서는 강력한 기능인 함수에 대해 설명합니다. 함수로 집계, 문자열, 날짜 등을 처리할 수 있습니다.

3부 고급 SQL 주제: 3부에서는 쿼리 작성의 효율을 높이는 기술을 소개합니다. 고급 주제이지만 아주 유용합니다. 또한 지금까지 설명한 SQL 문과 달리 데이터베이스를 영구히 변경하는 데이터 조작 언어에 대해서도 소개합니다.

- **8장 서브쿼리:** 8장에서는 쿼리 안에 다른 쿼리를 중첩하는 서브쿼리라는 개념에 대해 설명합니다. 이미 공부한 SQL 키워드로 서브쿼리를 만드는 방법을 알아보고 `DISTINCT` 키워드를 소개합니다.
- **9장 뷰:** 9장에서는 뷰, 즉 가상 테이블을 소개합니다. 뷰는 쿼리를 저장해 테이블처럼 사용하거나 다른 SQL 문에서 서브쿼리처럼 쓸 수 있습니다.
- **10장 데이터 조작 언어(DML):** 10장에서는 데이터 조작 언어에 대해 설명하고 `INSERT`, `UPDATE`, `DELETE` 키워드를 소개합니다.

PART 1

SQL 학습 환경

CHAPTER 01 데이터베이스의 구조 이해
CHAPTER 02 SQL 도구와 전략
CHAPTER 03 SQLite에서 데이터베이스 탐색

데이터베이스의 구조 이해

개요

- 데이터베이스가 사용하는 언어 이해
- 관계형 데이터베이스의 작동 방식
- 데이터 타입
- 관계형 데이터베이스 관리 시스템(RDBMS)
- SQLite

새로운 기술을 배울 때는 먼저 기본 용어부터 알아야 합니다. 책을 이해하는 데 필요한 기본적인 용어와 개념을 습득하되, 불필요한 고급 용어나 너무 고차원적인 개념은 피할 수 있도록 균형을 잡는 것이 중요합니다. 이 장에서는 관계형 데이터베이스의 개념과 일반적인 데이터베이스에서 다루는 데이터 타입을 소개합니다. 또한 가장 기본적인 SQL 쿼리인 SELECT 문도 소개합니다.

기본 용어

데이텀datum은 기본적으로 정보와 같습니다.[1] 데이터는 어디에나 존재하고 어디에든 포함되어 있지만, 현실적인 의미에서의 **데이터**data는 기록된 정보, 또는 기록 가능한 정보를 말합니다. 데이터를 기록하고 시각화하는 가장 단순한 도구는 **테이블**table입니다. 테이블은 간단히 말해 행과 열로 구성된 2차원 그리드입니다.

---

1   http://www.dictionary.com/browse/datum

테이블은 그림 1.1과 같이 다양한 데이터를 포함하고 있습니다. 데이터는 이름, 숫자, 날짜, '+' 또는 '-' 같은 문자, 또는 이들의 조합으로 이루어져 있습니다. 다시 말하지만 데이터는 그저 정보입니다. 따라서 데이터를 처리할 때는 데이터를 적절히 제한해야 합니다.

그림 1.1을 살펴보겠습니다. 테이블을 보니 환자에 대한 기본 정보가 저장된 것 같습니다. 환자 데이터는 다양한 형식으로 정의할 수 있습니다. 이 테이블에는 숫자와 이름, 날짜가 있으며, BloodType 필드는 알파벳 하나와 특수문자로 구성된 문자열입니다. 데이터 형식은 아무렇게나 정해지지 않습니다. 모든 데이터베이스에는 데이터 자체의 구조와 형식을 설명하는 **메타데이터**metadata라는 데이터가 포함되어 있습니다. 메타데이터는 보통 '데이터에 대한 데이터'라고 표현합니다. 예를 들어, DateOfBirth 필드에는 필드 정보를 mm/dd/yyyy 형식으로 제한하는 메타데이터를 포함하는 것입니다. 마찬가지로 Height 필드에는 데이터를 인치로 변환한, 두 자릿수로 제한하는 메타데이터가 있을 수 있습니다.

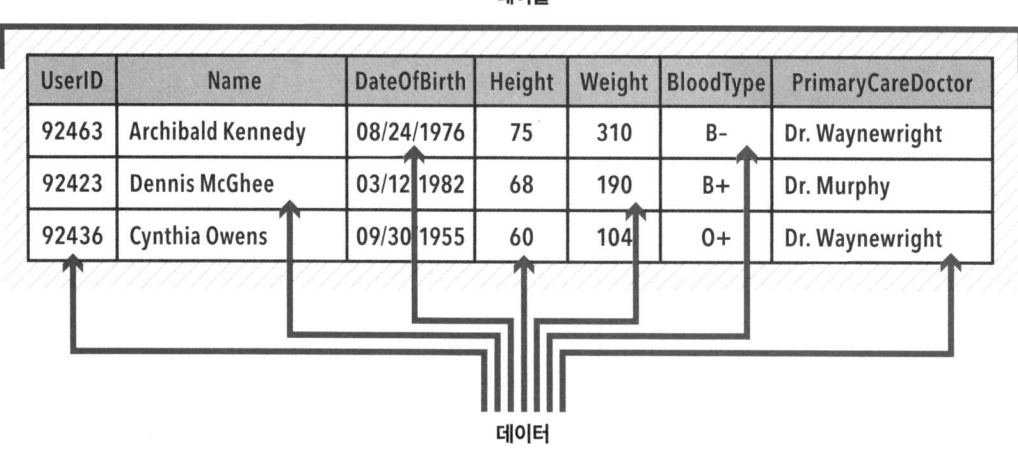

그림 1.1

데이터베이스database는 간단히 말해 컴퓨터가 데이터를 쉽고 빠르게 검색해 가져올 수 있도록 틀을 잡은 컬렉션입니다. 데이터베이스는 하드디스크를 아주 많이 사용하므로, 그림 1.2와 같이 원통을 쌓은 아이콘으로 표현하곤 합니다.

 그림 1.1의 환자 데이터 테이블은 데이터베이스가 아니라 테이블입니다. 물론 이 데이터를 검사 결과, 처방 내역, 예약 내역, 간호사 및 주치의 등 다양한 테이블과 연결해 데이터베이스로 만들 수 있습니다.

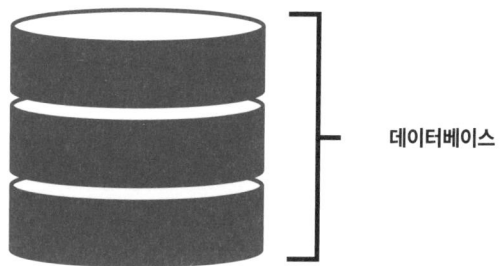

그림 1.2

데이터베이스는 내부적으로 보통 테이블에 데이터를 저장합니다. 각 테이블에는 규칙에 맞는 데이터가 저장되며, 이 데이터는 다른 테이블의 데이터를 참조하거나 연결할 수 있습니다.

데이터베이스의 목적은 다양한 소스에서 비롯된 데이터를 취합해 상호작용, 분석, 조직화하는 것입니다. 테이블은 서로 연결될 수 있으므로 아주 다양한 형태로 활용할 수 있습니다.

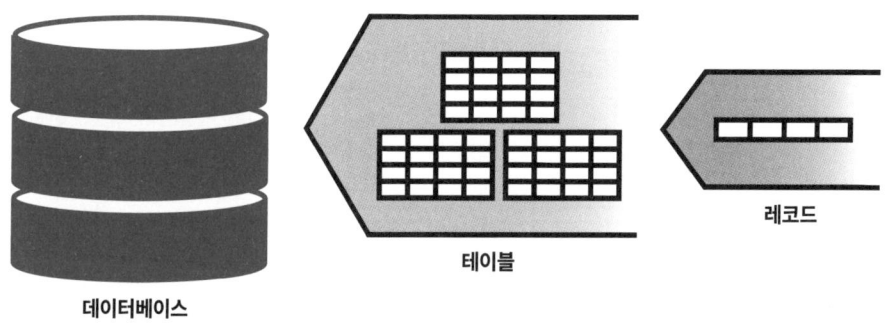

그림 1.3 데이터베이스는 테이블로 구성되고 테이블은 레코드로 구성됩니다.

테이블 **행**row을 **레코드**record라 합니다. 이를 **튜플**tuple이라 부르는 사람도 있습니다. 테이블 **열**column은 보통 **필드**field라 부릅니다. **속성**attribute이라 부르는 사람도 있습니다.[2] 필드나 속성은 레코드(행) 안의 데이터를 분류하는 범주입니다.

 이 책에서는 행/열 대신 '레코드', '필드'를 사용합니다. 그림 1.4와 1.5를 보십시오.

---

2 옮긴이 '속성'은 데이터베이스 설계 단계에서 어떤 데이터를 넣을지 구상할 때 쓰는 말이고, '필드'는 테이블의 실제 데이터를 가리킬 때 쓰는 말이므로 조금 차이가 있긴 합니다.

책에서 사용하는 용어	다른 곳에서 쓸 수도 있는 용어
레코드, 행	튜플
필드, 열	속성

그림 1.4 용어 정리

레코드는 어떤 사물, 필드는 그 사물의 여러 가지 성격이라고 이해해도 좋습니다. 예를 들어, 그림 1.5의 테이블은 어떤 병원이나 보험회사에서 사용할 법한 환자 데이터입니다. 병원이든 보험회사든, 데이터베이스를 사용한다면 그 안에는 보통 여러 개의 테이블이 있습니다. 데이터베이스 아키텍처를 이해하기 위해서는 테이블이 서로를 참조하고 관계되는 방식을 반드시 이해해야 합니다.

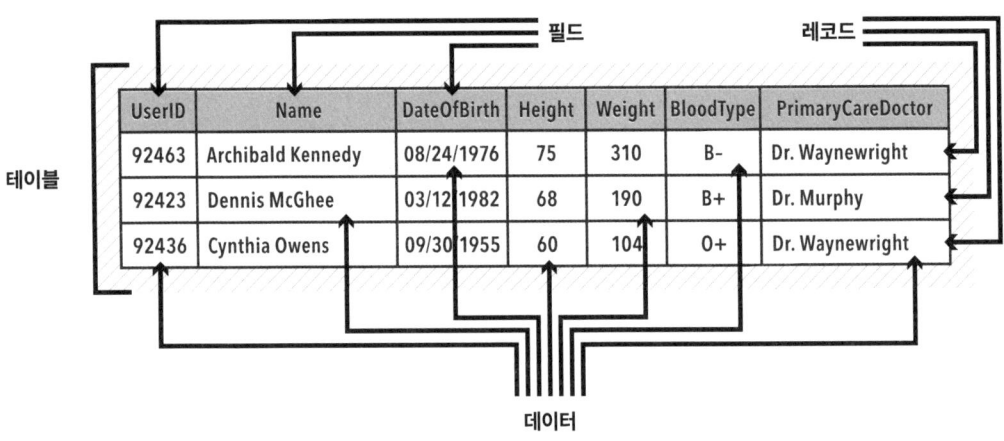

그림 1.5

관계형 데이터베이스의 기본 요소

관계형 데이터베이스relational database는 1969년 IBM의 컴퓨터 과학자인 에드거 프랭크 커드Edgar F. Codd가 고안한 데이터베이스 디자인입니다.[3] 커드는 그 이듬해 <A Relational Model of Data for Large Shared Data Banks(대규모 데이터 은행을 위한 관계형 데이터 모델)>이라는 논문을 발표했습니다.[4] 9년이 흐른 뒤, IBM과 릴레이셔널 소프트웨어(이후 오라클이 됩니다)를 포함한 거대 기업들이 상업적 목적으로 관계형 데이터베이스를 사용하기 시작했습니다. 40년이 지났지만, 지금도 이 모

---

[3] https://www.seas.upenn.edu/~zives/03f/cis550/codd.pdf
[4] https://www.sqlite.org/mostdeployed.html

기본 키 → PatientID

외래 키 → PrimaryCareDoctorID

PatientID	PatientName	PrimaryCareDoctorID	PrimaryCareDoctorName	DateOfBirth	Height	Weight	BloodType
92463	Archibald Kennedy	106547	Dr. Waynewright	8/24/1976	75	310	B-
92425	Dennis McGhee	106474	Dr. Murphy	3/12/1982	68	190	B+
92443	Cynthis Owens	106547	Dr. Waynewright	9/30/1955	60	104	O+
92478	William Hampton	106437	Dr. Salazar	6/5/1973	73	175	AB-
92392	Hilda Bass	106783	Dr. Dean	6/10/1997	68	152	B+
92436	Frankie Stone	106437	Dr. Salazar	5/28/1979	68	106	O+
92403	Verna Sullivan	106984	Dr. Conner	7/17/2010	66	125	O+
92398	Merle Doyle	106439	Dr. Frank	1/8/1962	65	143	B-
92442	Ruth Swanson	106954	Dr. Hines	2/15/1970	61	160	O-
92384	Johnathan Singleton	106474	Dr. Murphy	6/2/1970	61	232	AB+
92405	WM Patrick	106439	Dr. Frank	6/11/1955	69	196	O+
92376	Mona Norris	106984	Dr. Conner	10/15/1932	60	98	B+
92399	Rick Gordon	106366	Dr. Hart	1/25/2002	68	149	B+
92408	Don Rivera	106437	Dr. Salazar	7/26/1954	72	185	A-
92389	Sheri Griffin	106211	Dr. Harvey	12/16/1987	78	132	AB-
92466	Guillermo Lawrence	106954	Dr. Hines	2/8/1978	60	219	O+
92310	Felipe Parker	106474	Dr. Murphy	12/10/1998	61	165	O-
92413	Brandi Carlson	106399	Dr. Flowers	11/20/2000	66	112	B+
92398	Floyd Casey	106783	Dr. Dean	12/14/1986	61	203	A-
92439	Patrick Walton	106366	Dr. Hart	8/11/1973	76	189	O+
92421	Vicki Klein	106954	Dr. Hines	11/28/1980	65	98	O+
92381	Cathy Harrison	106474	Dr. Murphy	11/16/1946	78	203	AB-
92393	Ann Guerrero	106783	Dr. Dean	6/25/1974	61	142	B-
92437	Gustavo Bates	106399	Dr. Flowers	2/25/2001	78	165	A-

그림 1.6 patient_info 테이블

델은 데이터베이스 설계에서 가장 널리 쓰이고 있습니다.

관계형 데이터베이스가 어떻게 동작하는지 이해하려면 몇 가지 주요 필드의 역할을 이해해야 합니다.

관계형 데이터베이스는 그림 1.6의 `patient_info` 테이블 같은 테이블들로 구성됩니다. 관계형 데이터베이스의 테이블은 키 필드를 통해 서로 연결됩니다. `patient_info` 테이블에는 기본 키와 외래 키가 있습니다. 관계형 데이터베이스에서는 모든 테이블에 기본 키가 있는 걸 권장합니다.

기본 키primary key는 테이블에서 레코드의 식별자 역할을 합니다. 각 레코드의 기본 키는 모두 고유해야 하며 널값(빈 값)이어서는 안 됩니다. `patient_info` 테이블의 `PatientId` 필드를 보십시오. 이 필드는 테이블의 기본 키이므로 테이블의 모든 레코드는 이 필드에 고유한(중복이 아닌) 데이터를 저장해야 합니다. 달리 말해 2개의 레코드에 같은 `PatientId` 데이터가 포함될 수 없습니다.

기본 키 필드에는 반드시 고유한 데이터만 있어야 하지만, 다른 필드는 그런 제약이 없습니다. 예를 들어, `PrimaryCareDoctorId` 필드를 보십시오. ID 106547인 Waynewright 박사가 이 데이터베이스의 환자 중 여러 명을 진료한다면 그의 이름과 ID는 중복될 수 있습니다.

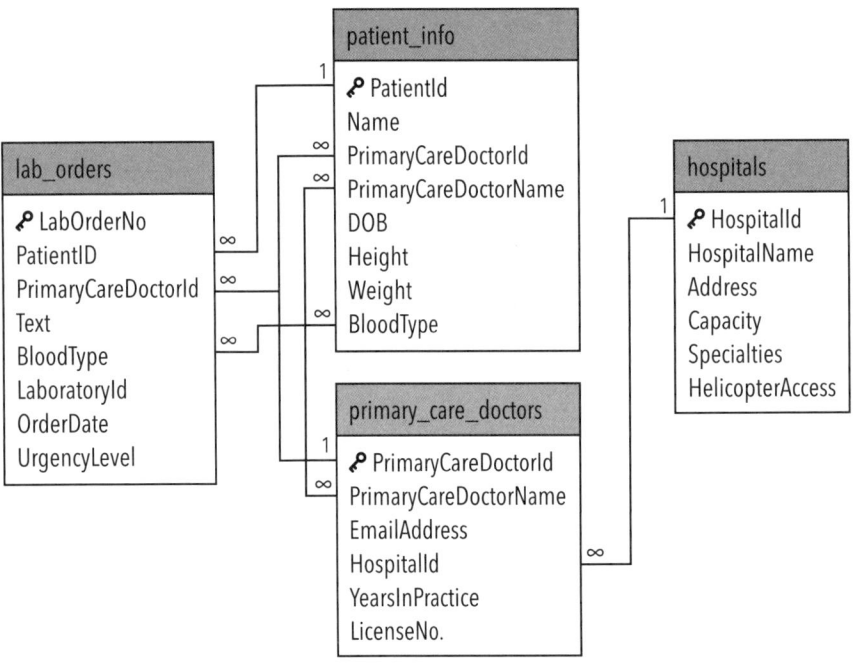

그림 1.7 기초적인 데이터베이스 스키마/ERD

외래 키foreign key는 다른 테이블의 기본 키를 가져오는 필드입니다. 같은 데이터베이스에 `primary_care_doctors`라는 테이블이 있고 기본 키는 `PrimaryCareDoctorId` 필드라고 합시다. 주치의 테이블에 ID가 106547인 레코드는 하나뿐입니다. 테이블은 키 필드를 통해 서로 관계를 맺고, 관계형 데이터베이스는 이런 관계성을 바탕으로 동작합니다. 이런 관계성은 보통 데이터베이스의 청사진인 **스키마**schema, 또는 **엔티티 관계 다이어그램**entity relationship diagram, ERD으로 표현합니다.

그림의 1과 ∞ 기호는 곧 설명할 테니 신경 쓰지 않아도 됩니다. 지금은 스키마를 보면서 그 관계에 대해 생각해보십시오. 이 스키마에는 테이블이 4개 있고, 테이블은 공통 필드를 통해 연결됩니다. `PatientId` 필드는 `patient_info` 테이블의 기본 키인 동시에 `lab_orders` 테이블의 외래 키입니다. 마찬가지로, `HospitalId` 필드는 `hospitals` 테이블의 기본 키인 동시에 `primary_care_doctors` 테이블의 외래 키입니다. 별로 어렵지 않습니다. 이번에는 또 다른 스키마를 봅시다.

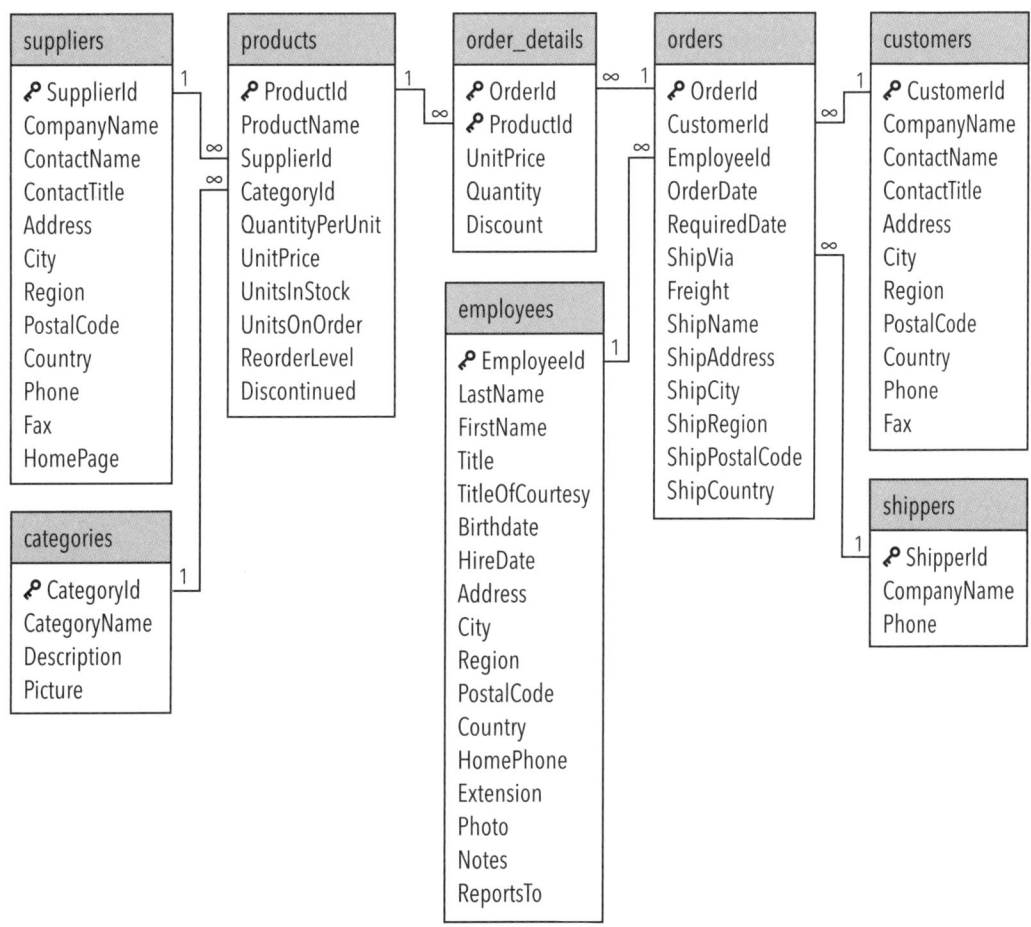

그림 1.8 테이블 사이의 관계

그림 1.8의 스키마는 고객 주문과 이에 따른 배송을 나타내는 데이터베이스입니다. 이제 스키마를 연결하는 선에 있는 1과 ∞ 기호에 대해 알아봅시다. 이들은 테이블 사이의 상호작용을 나타내는 기호입니다. 연결선의 한쪽에 1이 있고 다른 쪽에 ∞ 기호가 있다면 그 선은 두 테이블 사이에 **일대다**one-to-many **관계**가 있음을 뜻합니다.

관계형 데이터베이스의 기본 요소 **9**

그림 1.9의 products 테이블을 보십시오. 이 테이블은 상품의 여러 가지 속성을 나타낸다는 걸 알 수 있습니다.

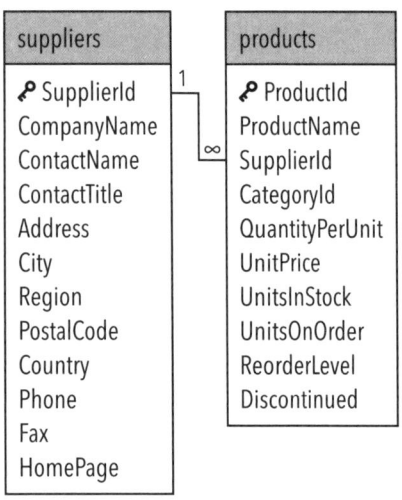

그림 1.9 일대다 관계

SUPPLIERS

SupplierId	CompanyName	ContactName	ContactTitle	Address	City	etc.
S-101	Van Eck Industries	Bruce Davidson	Vp Operations	2158 Del Dew Drive	Temple Hills	...
S-102	Wright & Gate Co	Wilma Joy	Supply Chain Supervisor	291 Creekside Lane	Ventura	...
S-103	Olivias Supply	Brad Pence	Site Manager, Baton Rouge	4353 Locust View Drive	Baton Rouge	...
S-104	Cantor Corporation	Orville Bedford	President	2811 West Drive	Chicago	...
S-105	Bellagio Finland	Wallace Grim	Distributions Superviser	4939 Breezewood Court	Chanute	...
S-106	Decks Materials	John Tuck	VP Operations	4529 Counts Lane	Lextington	...
S-107	Lennor Co	Rachel Durst	Site Manager, Jackson	2216 Rhapsody Street	Gainesville	...

그림 1.10

PRODUCTS

ProductId	ProductName	SupplierId	CategoryId	QuantityPerUnit	UnitPrice	etc.
P001	Welding goggles	S102	SA-432	1	$12.99	...
P002	Welding helmet	S102	SA-432	1	$41.49	...
P003	Stick electrodes	S104	WE-214	40	$7.00	...
P004	Magnetic clamp	S101	WE-220	1	$11.86	...
P005	Heat resistant blanket	S104	WE-212	1	$3.73	...
P006	Work table	S105	GE-100	1	$1,386.67	...
P007	Replacement plates	S105	GE-100	1	$396.00	...
P008	Welding wire	S104	WE-214	1	$112.86	...
P009	Welding coveralls	S102	SA-435	1	$60.27	...
P010	Welding nozzle	S103	WE-214	1	$141.65	...
P011	Gas regulator	S106	AU-100	1	$166.25	...
P012	Welding hoods	S102	SA-432	1	$42.37	...
P013	Spot welding electrode	S104	WE-212	1	$2.35	...
P014	Plasma cutter	S107	PL-100	1	$1,645.91	...
P015	Plasma cutter cutting tip	S107	PL-100	1	$9.27	...

그림 1.11

열쇠 아이콘으로 표시한 `ProductId` 필드는 이 테이블의 기본 키입니다. 테이블의 모든 레코드에는 고유한 상품 식별 번호가 들어 있습니다. 어떻게 보면 이 기본 키(상품 식별 번호)야말로 이 테이블의 진정한 목적이라 볼 수 있습니다.

이제 products 테이블과 suppliers 테이블의 관계에 대해 알아봅시다.

suppliers 테이블과 products 테이블은 일대다 관계이며, 이 관계는 `SupplierId` 필드를 통해 맺어집니다. suppliers 테이블의 각 레코드에는 공급자마다 고유한 식별 번호가 존재합니다. 반면 products 테이블에는 같은 공급자가 여러 가지 상품을 공급할 수 있으므로 공급자 식별 번호가 중복될 수 있습니다.

`SupplierId` 필드의 열쇠 아이콘은 이 필드가 테이블의 기본 키임을 나타냅니다. 같은 공급자가 여러 가지 상품(각각에 고유한 상품 ID 번호가 있습니다)을 제공할 수 있으며, 이들은 products 테이블에 저장됩니다. products 테이블에는 공급자 ID가 중복될 수 있지만, suppliers 테이블에서는 중복이 불가능합니다.

PRODUCTS

ProductId	ProductName	SupplierId	CategoryId	QuantityPerUnit	UnitPrice	etc.
P001	Welding goggles	S102	SA-432	1	$12.99	...
P002	Welding helmet	S102	SA-432	1	$41.49	...
P003	Stick electrodes	S104	WE-214	40	$7.00	...
P004	Magnetic clamp	S101	WE-220	1	$11.86	...
P005	Heat resistant blanket	S104	WE-212	1	$3.73	...
P006	Work table	S105	GE-100	1	$1,386.67	...
P007	Replacement plates	S105	GE-100	1	$396.00	...
P008	Welding wire	S104	WE-214	1	$112.86	...
P009	Welding coveralls	S102	SA-435	1	$60.27	...
P010	Welding nozzle	S103	WE-214	1	$141.65	...
P011	Gas regulator	S106	AU-100	1	$166.25	...
P012	Welding hoods	S102	SA-432	1	$42.37	...
P013	Spot welding electrode	S104	WE-212	1	$2.35	...
P014	Plasma cutter	S107	PL-100	1	$1,645.91	...
P015	Plasma cutter cutting tip	S107	PL-100	1	$9.27	...

SUPPLIERS

SupplierId	CompanyName	ContactName	ContactTitle	Address	City	etc.
S-101	Van Eck Industries	Bruce Davidson	Vp Operations	2158 Del Dew Drive	Temple Hills	...
S-102	Wright & Gate Co	Wilma Joy	Supply Chain Supervisor	291 Creekside Lane	Ventura	...
S-103	Olivias Supply	Brad Pence	Site Manager, Baton Rouge	4353 Locust View Drive	Baton Rouge	...
S-104	Cantor Corporation	Orville Bedford	President	2811 West Drive	Chicago	...
S-105	Bellagio Finland	Wallace Grim	Distributions Superviser	4939 Breezewood Court	Chanute	...
S-106	Decks Materials	John Tuck	VP Operations	4529 Counts Lane	Lextington	...
S-107	Lennor Co	Rachel Durst	Site Manager, Jackson	2216 Rhapsody Street	Gainesville	...

그림 1.12 SUPPLIERS 테이블의 기본 키를 외래 키로 사용하는 PRODUCTS 테이블

이제 `products`, `order_details`, `orders` 테이블 사이의 관계를 알아봅시다. 그림 1.13을 보십시오.

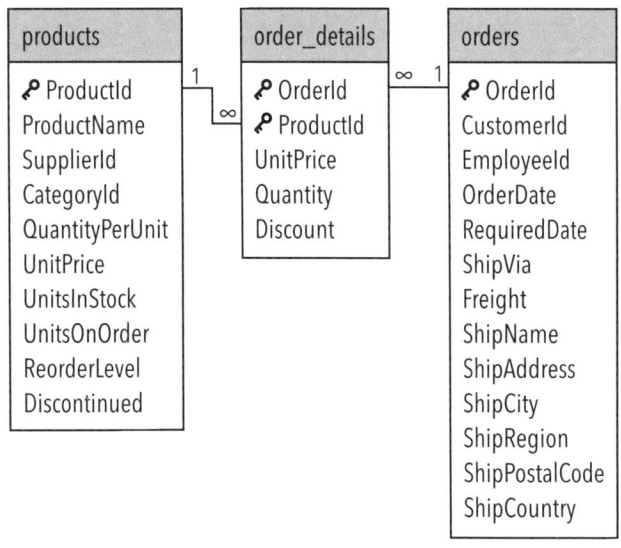

그림 1.13 products, order_details, orders 테이블 사이의 관계

order_details 테이블에는 열쇠 아이콘이 2개 있습니다. 이렇게 2개 이상의 기본 키를 조합해 만든 기본 키를 **조합 키**composite key라고 부릅니다. 두 키는 엄밀히 말해 다른 키이지만, 이들을 합쳐 하나의 기본 키로 생각하는 게 좋습니다.

OrderId	ProductId	UnitPrice	Quantity	Discount
101	P006	$1,386.67	1	NULL
101	P003	$7.00	3	NULL
101	P005	$3.73	1	10%
102	P011	$166.23	1	NULL
102	P013	$2.35	1	NULL
103	P014	$1,645.91	1	NULL
104	P001	$12.99	3	NULL
104	P012	$42.37	3	NULL
104	P011	$166.23	2	10%
104	P003	$7.00	5	NULL
105	P010	$141.65	1	NULL
105	P004	$11.86	3	NULL
105	P003	$7.00	2	NULL
106	P014	$1,645.91	1	NULL

(OrderId, ProductId는 조합 키)

그림 1.14

조합 키의 각 필드는 각각 고유한 식별자로 동작합니다. 달리 말해, order_details 테이블의 어떤 레코드의 OrderId가 101이고 ProductId가 P006이라면, 이 테이블에는 이와 똑같은 조합을 가진 다른 레코드가 존재할 수 없습니다. OrderId가 101인 레코드가 여러 개 있는 건 상관없습니다. 마찬가지로, ProductId가 P006인 레코드가 여러 개 존재할 수 있습니다. 그러나 두 조건이 조합된 레코드는 반드시 유일해야 합니다. 따라서 조합 키 역시 일반적인(필드 하나만 사용하는) 기본 키와 마찬가지로 모든 레코드를 유일하게 식별할 수 있습니다.

테이블의 표준 기본 키는 보통 일대다 관계에서 '1'에 해당합니다. 예를 들어, orders 테이블의 기본 키 OrderId 필드는 레코드의 고유한 식별자입니다. 이 관계의 '다' 쪽은 order_details 테이블입니다. 왜 이런 관계를 만들었을까요?

논리적으로 생각해봅시다. order_details의 목적은 주문받은 상품에 대한 정보를 제공하는 것입니다. 상품 주문은 다양한 상황에서 이루어집니다. 고객도 다양하고, 한 고객이 여러 번 주문할 수도 있습니다. 따라서 ProductId가 단독으로 order_details의 기본 키가 될 수 없습니다. 또한 주문 하나에 여러 상품이 포함될 수도 있고, UnitPrice, Quantity, Discount 등 order_details의 다른 필드를 보면 이런 세부 항목이 주문 전체가 아니라 개별 상품에 대한 것임을 알 수 있습니다. 따라서 OrderId 역시 단독으로는 order_details의 기본 키가 될 수 없습니다. 해결책은 ProductId와 OrderId를 조합 키로 만드는 것입니다. 이렇게 하면 UnitPrice, Quantity, Discount 필드의 데이터가 고유한 주문 내역 안의 고유한 상품에 대응하게 됩니다.

데이터 타입

이 장의 서두에서 데이터의 제한이나 형식 등을 지정하는 메타데이터에 대해 간단히 언급했습니다. SQL을 사용해 데이터베이스를 만들 때는 모든 필드에 **데이터 타입**data type을 반드시 지정해야 합니다. 데이터 타입은 사용하는 데이터베이스에 따라 조금씩 다릅니다. 하지만 숫자 타입, 문자/텍스트 타입, 날짜와 시간 타입, 불리언 값은 대부분 지원합니다. 각 데이터 타입에 대해 조금 더 자세히 알아봅시다.

숫자 데이터numeric data 타입은 소수점 없는 숫자인 **정수 데이터**integer data를 포함하고 있습니다. 타입을 사용할 때는 어떤 형태든 그 길이에 제한이 있습니다. 환자 데이터를 저장한 그림 1.6의 테이블을 다시 살펴봅시다. Weight 필드에는 세 자리 정수만 사용하는 게 합리적입니다. 왜 그럴까요? 체중을 저장할 때 가장 가까운 킬로그램으로 올리거나 내리고 소수점 아래를 생략해도 괜찮으므로 정수가 적합합니다. 또한, 사람의 무게를 나타낼 때 네 자리 이상의 숫자가 필요할 리는 없기 때문입니다. 정수 타입보다 정확한 형식이 필요하다면 소수점을 포함하는 실수 타입도 사용할 수 있습니다. 실수 타입도 정수 타입과 마찬가지로 길이를 제한할 수 있습니다.

 데이터 타입의 길이가 늘어나면 저장 공간도 그만큼 늘어납니다. 화폐 단위를 지원하는 데이터베이스도 있습니다.

정수	실수
5	30.5
6176	14.65
47261	5.634
531	365.1
90	0.437
1	15347.45

그림 1.15 숫자 데이터

▶ 문자 데이터

문자 데이터character data 타입은 길이를 고정할 수도 있고 가변 길이를 쓸 수도 있습니다. 예를 들어, 테이블에 캐나다 우편번호(여섯 자리가 표준이며 숫자와 문자 모두 사용)를 저장한다면 해당 필드에는 문자 데이터를 사용하고 길이는 여섯 자리로 고정합니다. 반면, 고객의 성이나 이름을 저장하는 필드에는 문자 데이터를 쓰되 적절한 제한이 있는 가변 길이를 사용하는 게 합리적입니다.

CanadianZipCode	FirstName	LastName
L4K8R3	Ronald	Dalton
V0S0N2	Clara	Abramson
H7L9N0	Joseph	Scalia
L3M0L7	Benjamin	Dreadnaught
E6K5T8	Harold	Mercedes
E7K3C5	James	Rockefeller

그림 1.16 문자와 텍스트 데이터

> 지금까지 설명한 예제에는 이름이나 주소 등 비교적 짧은 텍스트만 사용했지만, 대부분의 데이터베이스는 이보다 훨씬 긴 텍스트를 지원합니다. 일부 데이터베이스는 여러 페이지의 텍스트, 심지어 책 한 권의 텍스트를 저장할 수도 있습니다.

▶ 날짜와 시간

날짜date와 **시간**time도 중요한 데이터입니다. YYYY-MM-DD, YYYY-MM-DD HH:MI:SS, YY-MM-DD 등 다양한 날짜와 시간 형식을 사용할 수 있습니다. 또한 2019, 19처럼 연도만 저장할 수도 있습니다. 그림 1.17을 보십시오.

날짜와 시간 데이터

DateOfBirth	CreditCardExpiration	TimeOfDelivery
01/25/1977	08/2023	2019-04-21 08:25;55
09/30/2003	05/2025	2020-12-05 13:30;15
08/15/1999	01/2023	2020-05-10 22:20;36
02/25/1962	11/2022	2019-01-17 10:20;01
09/12/1998	05/2026	2021-06-29 15:21;59
11/03/1959	03/2023	2022-09-03 16:42;26

그림 1.17

날짜와 시간 형식은 내부적으로 숫잣값을 사용하므로 시간 순서대로 값을 출력할 수 있습니다. 예를 들어, 2020년 10월 1일과 2020년 12월 31일 사이에 특정 상품을 구입한 고객 수를 알 수 있습니다.

▶ 불리언 데이터

불리언Boolean은 참과 거짓으로 나뉘는 데이터입니다. 예를 들어, 고객이 상품 대금을 지불했나/하지 않았나, 지불한 상품을 배송 요청했나/하지 않았나 등을 불리언 데이터로 저장할 수 있습니다. 대금을 지불하지 않은 고객에게 지불 요청 문자를 보내거나, 담당자에게 배송 요청이 되지 않은 상품을 확인 요청할 때 불리언 데이터를 사용하면 더 쉽게 작업할 수 있습니다. 그림 1.18을 보십시오.

불리언 데이터

ClearedForTakeOff	InDefault	ConvictedFelon
True	False	False
False	True	False
False	False	False
True	True	True
False	True	False

그림 1.18

데이터베이스에 따라 지원하는 데이터 타입이 조금씩 다릅니다. 곧 소개할 SQL 서버나 MySQL 같은 일부 데이터베이스는 '불리언' 대신 '비트' 데이터 타입을 사용합니다.

관계형 데이터베이스 관리 시스템

SQL을 지원하고 데이터베이스를 관리하는 소프트웨어를 **관계형 데이터베이스 관리 시스템**relational database management systems, RDBMS이라 부릅니다. 널리 사용되는 RDBMS 소프트웨어에는 오라클 데이터베이스, 마이크로소프트 SQL 서버, MySQL, IBM Db2, SQLite 등이 있습니다.

그림 1.19 널리 쓰이는 RDBMS 소프트웨어

RDBMS 소프트웨어를 데이터베이스라고 부르는 경우가 많은데, 엄밀히 말하면 아주 정확한 표현은 아닙니다. 더 정확히 말하면 RDBMS는 데이터베이스에 저장된 데이터에 접근하도록 돕는 '인터페이스'입니다.

그래픽 위주의 인터페이스를 쓰는 RDBMS도 있고, 텍스트 위주의 인터페이스를 쓰는 RDBMS도 있습니다. RDBMS에 따라 SQL 문법도 조금씩 다릅니다. 앞에서 언급한 '불리언'과 '비트'도 이런 미묘한 불일치 중 하나입니다. 데이터베이스 정보를 표시하는 방식은 RDBMS에 따라 크게 다릅니다.

SQL은 RDBMS에 명령을 내리는 언어이고, 이에 따라 '선언적declarative' 프로그래밍 언어로 분류합니다. C++, 자바 같은 언어가 모든 실행 과정을 처음부터 끝까지 정의하며 이에 따라 '절차적procedural'인 프로그래밍 언어로 분류하는 것과는 좀 다릅니다. SQL을 사용해 명령을 내리기만 하면, 메모리 할당이나 기타 세부적인 부분은 모두 RDBMS가 처리합니다.

SELECT 문

SQL은 구조화된 쿼리 언어의 약자이며 수십 년 동안 관계형 데이터베이스의 표준으로 사용되어 왔습니다. 가장 많이 쓰는 SQL 명령은 **SELECT**입니다. 대부분의 SQL 쿼리는 **SELECT** 키워드와 기타 키워드를 조합해 구성합니다. 다른 프로그래밍 언어와 마찬가지로, SQL 키워드를 순서에 맞게 정확히 사용해야 SQL 브라우저가 그 쿼리를 올바르게 해석할 수 있습니다. 정확한 순서와 사용법을 **문법**syntax이라 합니다.

다음 예제는 RDBMS에 따라 SQL 문법이 조금 다르다는 걸 보여줍니다. 이들은 모두 **Products** 테이블에서 처음 10개의 레코드를 가져오는 단순한 쿼리지만, RDBMS에 따라 표현이 조금 다릅니다.

SQL 서버에서는 다음과 같이 입력합니다.

```
SELECT TOP 10 *
FROM
    products;
```

반면, MySQL에서는 다음과 같이 입력합니다.

```
SELECT *
FROM
    products
LIMIT 10;
```

MySQL에서 SQL 서버의 쿼리를 사용하면 **문법 에러**syntax error가 일어나며 쿼리가 실행되지 않습니다. 두 쿼리의 유일한 차이점은 결과를 10개로 제한하는 문법뿐입니다. 나머지 부분은 모두 같습니다. RDBMS 간의 차이는 미미한 편입니다. 대략 10% 정도라고 생각하면 됩니다. SQL은 단순하고 선언적인 언어로 대부분의 RDBMS에서 호환됩니다. 따라서 RDBMS 중 하나를 택해 SQL을 충분히 배운다면, 다른 RDBMS에 적응하는 것도 어렵지 않습니다.

쿼리, 문, 절, 키워드

SQL에서 쿼리, 문, 절, 키워드라는 용어를 엄격하게 구분하는 사람은 많지 않습니다. SELECT는 SQL에서 사용하는 키워드이지만, 동시에 SELECT 문, SELECT 절, SELECT 쿼리라고 말하기도 합니다. 이들 사이에 어떤 차이가 있을까요? 가장 광범위한 용어부터 시작해봅시다.

간단히 말해 **쿼리**는 데이터베이스에 정보를 레코드 형태로 요청하는 명령입니다. 쿼리 하나에 여러 가지 SQL 문이 포함될 수 있습니다(8장에서 서브쿼리를 설명합니다). **SQL 문**SQL statement은 RDBMS에서 인식하고 실행하는 코드입니다. 바로 앞에서 비교한 코드 예제는 둘 다 RDBMS에서 실행할 수 있으므로 유효한 SQL 문이고, 동시에 레코드셋을 반환하는 쿼리이기도 합니다. **절**clause은 쿼리의 일부분입니다. 절에는 최소 하나의 **키워드**keyword가 포함되고, 그 키워드와 함께 사용할 정보(대개 필드와 테이블 관련 정보)가 포함됩니다.

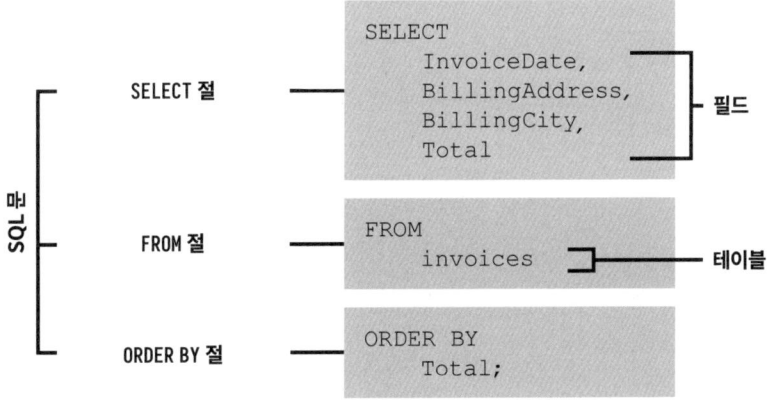

전부 대문자로 쓴 단어는 SQL 키워드입니다.

그림 1.20

그림 1.20과 같이 SQL 문은 여러 가지 절을 포함할 수 있고, 각 절은 최소 1개의 키워드와 함께 필드나 테이블에 대한 참조를 포함합니다.

 그림 1.20은 완전한 SQL 문인 동시에 완전한 쿼리입니다.

SQLite 소개

이미 언급했듯 오라클, SQL 서버, MySQL 등 다양한 RDBMS가 사용됩니다. 다양한 RDBMS의 차이를 모두 나열하면서 기능별로 설명하는 건 효율적이지 않습니다. 필자는 SQLite를 대표 RDBMS로 선택했습니다. SQLite는 초보자도 사용하기 쉽고 현실적인 선택입니다. SQLite는 오픈소스 소프트웨어이므로 어떤 용도로든 자유롭게 쓸 수 있습니다. SQLite를 통해 배우는 내용의 99%를 다른 RDBMS에 적용할 수 있습니다. SQLite는 세상에서 가장 널리 쓰이는 RDBMS입니다.[5] 컴퓨터, 모바일 장치, 심지어 자동차에서도 사용합니다. 더 자세한 정보는 해당 문서[6]를 참고하십시오.

그림 1.21 SQLite를 사용하는 유명한 회사들

 SQLite의 '라이트'는 기능을 간소화했다기보다는 설정이나 관리, 리소스 사용량 면에서 가볍다는 의미입니다.

---

5   https://www.sqlite.org/mostdeployed.html
6   https://www.sqlite.org/index.html

CHAPTER 01

요약

- 테이블은 데이터를 포함하는 행과 열로 구성된 2차원 그리드입니다.

- 데이터는 숫자, 문자열 등 다양한 데이터 타입으로 나뉩니다.

- 메타데이터는 데이터의 성격과 형식을 정의하는 데이터입니다. 길이에 대한 제한, 데이터 타입 등을 포함합니다.

- 관계형 데이터베이스는 여러 가지 테이블로 구성됩니다. 관계형 데이터베이스의 각 테이블에는 고유 식별자 역할을 하는 기본 키가 있어야 합니다.

- 외래 키는 다른 테이블의 기본 키로 사용되는 필드입니다.

- 테이블 사이의 관계, 기본 키와 외래 키 사이의 관계를 '데이터베이스 스키마' 라고 하며, 이를 시각화한 청사진을 엔티티 관계 다이어그램(ERD)이라 부릅니다.

- 오라클 데이터베이스, 마이크로소프트 SQL 서버, MySQL, IBM Db2, SQLite 등 다양한 관계형 데이터베이스 관리 시스템(RDBMS)이 있습니다. 이들은 여러 가지 면에서 다르지만 SQL은 대부분 호환됩니다.

- **SELECT** 키워드는 SQL 쿼리에 가장 많이 쓰이는 명령어입니다.

- SQL 문은 여러 절을 포함할 수 있고 각 절은 키워드를 포함합니다.

- 이 책에서는 SQLite를 사용하지만, 책에서 배운 내용을 다른 RDBMS에서 쉽게 응용할 수 있습니다.

MEMO

SQL 도구와 전략

개요

- SQL 환경 설정
- sTunes 데이터베이스
- SQLite용 DB 브라우저
- 자체 평가
- SQL 학습 전략

1장에서는 관계형 데이터베이스가 무엇인지, 데이터베이스는 데이터를 어떻게 구조화하는지, 관계형 데이터베이스 관리 시스템RDBMS에 간단한 쿼리를 보내고 결과를 가져오는 방법을 알아봤습니다. 기본적인 개념과 용어를 살펴봤으니 쿼리 연습을 시작할 수 있는 SQL 환경을 조성해야 합니다. 이 장에서는 이 책에서 사용할 자료와 함께 SQL 지식을 테스트할 수 있는 여러 가지 연습 문제, 자체 평가에 익숙해지는 시간을 가질 것입니다.

sTunes 데이터베이스

온라인으로 음악을 판매하는 회사에 SQL 데이터 분석가로 고용됐고, 음악 판매 데이터를 분석하는 업무를 받았다고 합시다. 상품(노래와 앨범) 정보, 고객 개인 정보, 직원 정보, 판매 데이터가 포함된 회사 데이터베이스 접근 권한을 받았습니다. 경영진은 sTunes 데이터베이스에서 매출, 고객 통계, 회사의 서비스 개선에 유용할 만한 정보를 찾고 싶어 합니다. 여러분은 데이터베이스를 분석하고 영감을 얻어 경영진에게 전달해야 합니다. 모든 분석은 SQL로 이루어집니다. 업무를 시작하려면 우선 이 데이터베이스를 컴퓨터에 내려받아야 합니다.

sTunes 데이터베이스 다운로드
이 책에서 사용할 샘플 데이터베이스를 sTunes 데이터베이스라고 부르겠습니다. https://go.quickstartguides.com/sql-digitalassets에 방문하면 sTunes 데이터베이스를 비롯한 무료 디지털 자료를 얻을 수 있습니다. 하지만 데이터베이스를 내려받은 다음 바로 열지 말고, 저장한 위치를 기억해두기만 하십시오.

SQLite용 DB 브라우저 소개

1장 마지막에 언급했듯 이 책에서는 SQLite를 사용합니다. SQLite에 포함된 **DB 브라우저**는 깔끔한 오픈소스 GUI 프로그램이며, SQLite와 호환되는 데이터베이스 파일을 생성, 설계, 수정할 수 있습니다.

SQLite용 DB 브라우저 설치

https://sqlitebrowser.org/dl/에 방문해 DB 브라우저를 설치하십시오. 다양한 운영체제에 맞는 다운로드 링크가 있을 것입니다. 여러분의 운영체제(32비트 또는 64비트 윈도우, 맥 OS, 리눅스 등)에 맞는 파일을 선택해야 합니다. 올바른 파일을 내려받은 후 설치하십시오.

SQL 지식을 테스트하는 방법

배움에 왕도가 있다면 그건 반복 연습입니다. 여러분이 새로 배운 지식을 테스트해볼 수 있도록 두 가지 타입의 연습 문제를 제공할 것입니다. '한 걸음 더'라고 표시한 연습 문제는 새로운 개념을 소개한 직후 연습할 수 있도록 만든 문제입니다. 이름에서 짐작할 수 있듯이 이 문제들에는 정답이 없습니다. 하지만 그리 어렵지는 않을 것입니다. 다른 타입의 연습 문제는 '데이터 분석 체크포인트'입니다. 이 연습 문제는 좀 더 어렵고, 이전 장에서 설명한 개념을 기억하고 있어야 하는 경우가 많습니다. 데이터 분석 체크포인트의 정답과 해설은 부록 I에 있습니다.

성공 전략

소프트웨어를 열고 sTunes 데이터베이스를 불러오기 전에 초보자와 전문가 모두에게 도움이 될 만한 몇 가지 조언을 드리겠습니다. 다음 조언은 학생들을 가르친 경험에서 나온 것입니다. 이 조언을 따르면 성공 가능성이 훨씬 커집니다.

▶ 예제 코드는 모두 직접 입력하십시오

이 책을 디지털 버전으로 구입했다 하더라도 코드 예제를 복사해서 DB 브라우저에 붙여 넣지 마십시오. 특히, SQL에 익숙하지 않은 초보자는 반드시 이 규칙을 따라야 합니다. 필자는 코드 예제를 복사하고 그 결과를 관찰하는 것만으로는 프로그래밍 언어를 절대 배울 수 없다고 생각합니다. 쿼리를 직접 작성하는 과정에서 무의식 중에 문법과 스펠링을 '몸에' 익힐 수 있는데, 연습 문제를 복사해서 붙여 넣기만 하면 이 혜택을 전부 건너뛰게 됩니다. 이 책이 아닌 다른 소스에서 코드를 복사해 붙여 넣으면 찾아내기 어려운 문법 에러가 생길 수 있습니다. 예를 들어, 워드프로세서에서 사용하는 작은따옴표(' ')는 코드의 따옴표(' ')와 다릅니다. DB 브라우저는 작은따옴표를 코드가 아닌 문자열로 판단하므로 문법 에러가 일어납니다. 우리는 성공만큼, 어쩌면 성공보다 더 많은 걸 실수에서 배울 수 있습니다. SQL 문을 잘못 입력하고, 실수를 발견하고 수정하는 것도 귀중한 경험입니다. 조금 편하자고 이런 기회를 차버리는 건 어리석은 일입니다.

▶ SQL 쿼리를 일상적인 질문으로 바꿔보십시오

쿼리를 작성하기 전에 먼저 모국어로 질문과 답변을 생각해보십시오. 'customer 테이블에 레코드가 몇 개 있지?'보다는 '고객이 몇 명이지?' 하는 의문이 우선이어야 하고, 사실 그게 당연합니다. 여러분의 관리자나 동료는 사람이고, 일상적인 언어로 여러분에게 질문할 것입니다. 그들의 질문을 SQL 문으로 바꾸고, 그 결과를 다시 일상적인 언어로 바꾸는 게 익숙해지면 그만큼 실무에도 쉽게 적응할 수 있습니다.

▶ 책을 참조 가이드로 활용하십시오

독자 여러분 중 이미 SQL에 어느 정도 익숙한 분은 필요한 내용만 빨리 찾아보길 원할 것입니다. 각 장의 제목에 그 장에서 설명하는 SQL 키워드를 포함하도록 구성했으므로 필요한 내용을 쉽게 찾고 복습할 수 있습니다. 또한 부록 II에는 SQL 키워드를 장별로 정리하고, 쿼리를 가능한 빨리 작성할 수 있도록 돕는 독립적인 연습 문제도 실었습니다. 이 책을 책상 옆에 두고 필요할 때마다 자주 참조하시기 바랍니다.

 필요한 만큼 건너뛰면서 읽어도 좋지만, 3장은 먼저 읽어두길 권합니다.

CHAPTER 02
요약

▶ 이 책은 배경 지식을 최소화하고 바로 SQL 쿼리 작성을 시작하도록 구성했습니다.

▶ 이 목표를 달성하고 책을 최대한 활용하려면 데이터베이스 소프트웨어와 샘플 데이터베이스를 모두 설치, 사용해야 합니다.

▶ 데이터 분석가는 이미 존재하는 데이터베이스를 분석하는 업무를 자주 받습니다. 책에서 제공하는 sTunes 데이터베이스에 익숙해지면 기존 데이터베이스를 처음 열었을 때 당황할 일이 줄어들 것입니다.

▶ SQLite용 DB 브라우저는 무료로 사용할 수 있는 오픈소스 데이터베이스 소프트웨어입니다. 가벼운 이 브라우저는 데이터베이스 파일을 확인하는 방법을 배우는 출발점으로 안성맞춤입니다. 윈도우와 macOS에서 모두 실행할 수 있습니다.

▶ 새로 배운 지식을 테스트할 수 있는 두 가지 연습 문제를 제공합니다. 데이터 분석 체크포인트의 정답은 부록 I에 있습니다.

▶ 최대한 효율적으로 공부하려면 복사해서 붙여 넣지 말고 SQL 쿼리를 직접 입력하십시오. 또한 일상적인 언어와 쿼리를 자유롭게 오가는 연습도 중요합니다.

MEMO

SQLite에서 데이터베이스 탐색

개요

- SQL 소프트웨어 실행
- 데이터베이스 파일 열기
- 데이터베이스 구조 탭
- 데이터 보기 탭
- SQL 실행 탭
- 쿼리 결과
- 데이터 분석 체크포인트

이 장에서는 SQLite용 SQL 브라우저인 DB 브라우저의 인터페이스에 대해 설명합니다.

운영체제별 실행법

조금만 더 준비하면 sTunes 데이터베이스 분석에 들어갈 수 있습니다. DB 브라우저를 설치하고 sTunes 데이터베이스를 내려받았으면 이제 시작할 차례입니다.

1. DB 브라우저 애플리케이션을 시작합니다.

    a. **맥 사용자**: 파인더의 응용 프로그램 폴더에서 SQLite용 DB 브라우저를 더블클릭합니다.

    b. **윈도우 사용자**: 시작 메뉴의 설치 프로그램 리스트에서 SQLite용 DB 브라우저 애플리케이션을 클릭합니다.

2. 그림 3.1과 같은 화면이 표시됩니다.

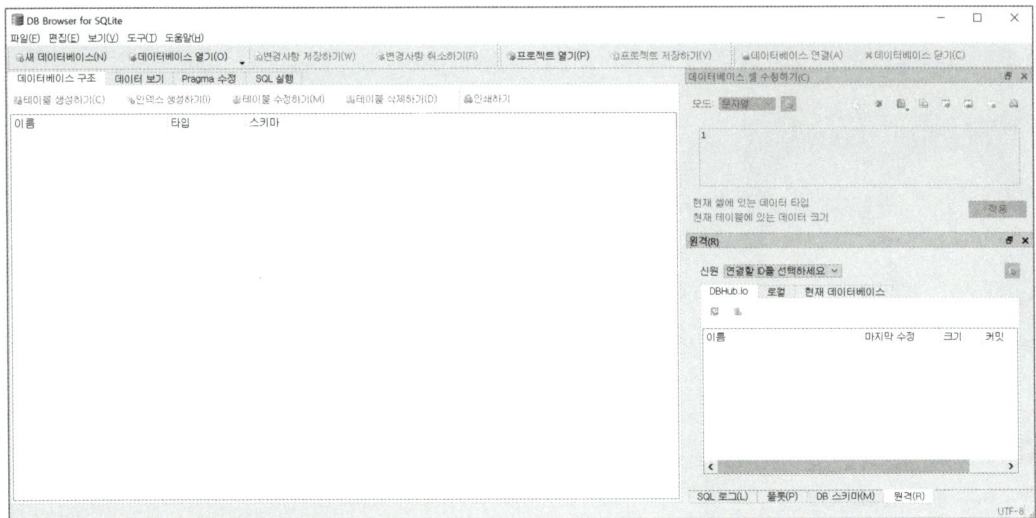

그림 3.1

sTunes 데이터베이스 열기

3. DB 브라우저를 연 상태에서 [**데이터베이스 열기**]를 클릭합니다.

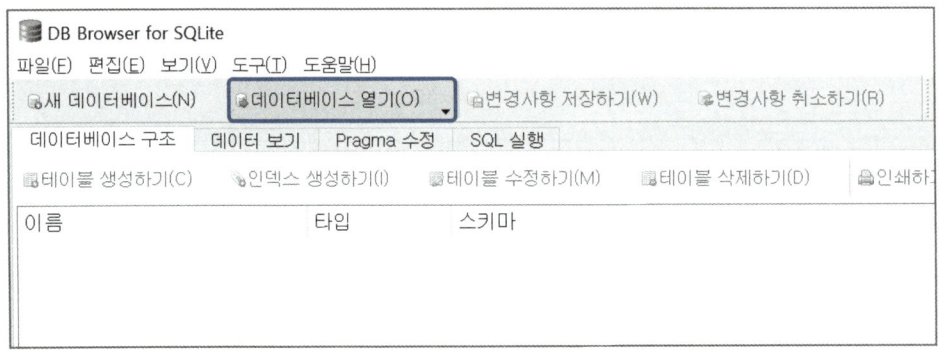

그림 3.2

4. '데이터베이스 파일 선택' 대화 상자가 열립니다. sTunes 데이터베이스를 내려받은 폴더로 이동해 [**열기**]를 클릭합니다.

그림 3.3

데이터베이스 구조

파일을 열면 '데이터베이스 구조' 탭에 샘플 데이터베이스의 테이블이 표시됩니다.

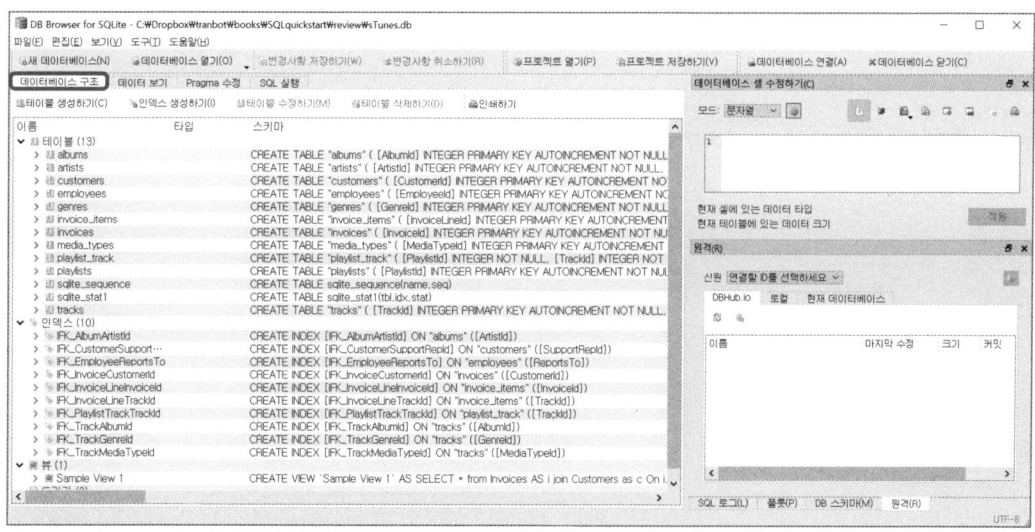

그림 3.4

데이터베이스 구조 31

대부분의 회사는 데이터베이스 접근 권한을 부여한 후 데이터베이스에 익숙해질 수 있는 시간을 어느 정도 제공합니다. SQL 문 작성을 시작하기 전에 어떤 데이터들이 있는지 확인하는 게 좋습니다.

가장 먼저 보이는 건 sTunes 데이터베이스에 테이블이 13개 있다는 사실입니다. 테이블 이름 왼쪽에 있는 화살표를 펼치면 테이블에 포함된 필드가 표시됩니다. albums 테이블에는 그림 3.5와 같이 AlbumId, Title, ArtistId 필드가 있습니다.

그림 3.5

 1장 초반에서 기본 용어에 대해 언급했습니다. 여기 표시된 필드는 테이블의 열입니다. 그림에는 없지만, 테이블의 각 행은 레코드입니다.

AlbumId 필드는 숫자 데이터를 저장하는 **정수**integer 데이터 타입입니다.

Title 필드는 문자를 포함해 숫자가 아닌 데이터를 저장하는 문자 데이터(NVARCHAR[1]) 타입입니다.

ArtistId 필드도 정수 데이터 타입입니다.

 1장에서 데이터베이스 구조에 대해 설명하면서 메타데이터와 여러 가지 데이터 타입에 대해 설명했습니다. 그림 3.5의 Type 열은 메타데이터의 좋은 예입니다. 각 필드의 데이터 타입은 저장될 실제 데이터를 고려해 합리적으로 선택해야 합니다.

---

1 [옮긴이] NVARCHAR의 N은 유니코드, VAR는 가변 길이(variable), CHAR는 문자(character)를 뜻합니다. 즉, 유니코드로 저장된 길이가 바뀔 수 있는 문자열이라는 뜻입니다.

개별 레코드 보기

'데이터 보기' 탭에서 각 테이블에 포함된 레코드를 확인할 수 있습니다. Table 드롭다운에서 테이블을 선택할 수 있습니다.

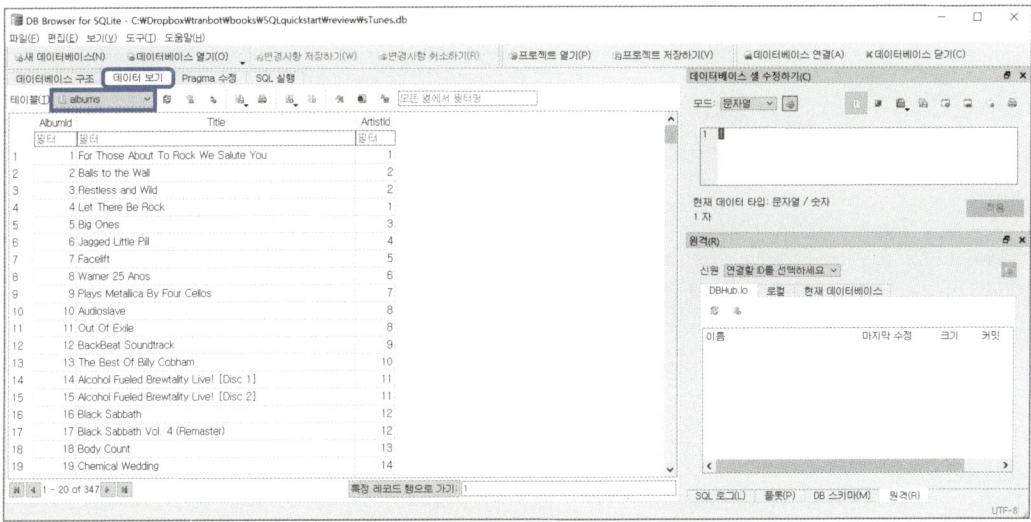

그림 3.6

그림 3.6은 albums 테이블에 저장된 데이터입니다. 데이터베이스 구조 탭에서 확인한 필드가 보입니다. 또한 각 필드에 저장된 실제 데이터도 보여줍니다.

albums 테이블의 첫 번째 레코드에는 다음과 같은 데이터가 들어 있습니다.

```
AlbumId = 1
Title = "For Those About to Rock We Salute You"
ArtistId = 1
```

이 테이블을 꼼꼼히 살펴보면 데이터베이스의 다른 테이블에 대해서도 조금 알 수 있습니다. 1장에서는 외래 키에 대해 설명했습니다. 이 테이블의 기본 키는 레코드마다 고유한 `AlbumId`입니다. `ArtistId`는 음악가의 실제 이름 대신 정수 코드를 저장했습니다. 이걸 보면 음악가의 실제 이름을 문자 데이터 타입으로 저장한 다른 테이블이 있다고 짐작할 수 있고, `ArtistId`가 외래 키 필드일 가능성이 높은 것도 알 수 있습니다.

 외래 키는 다른 테이블의 기본 키 필드입니다. artists 테이블을 열어보면 ArtistId가 해당 테이블의 기본 키인 게 보입니다. 따라서 이 필드는 albums의 외래 키입니다.

SQL 실행 탭

'SQL 실행' 탭은 SQL 문을 작성하는 곳입니다. SQL 실행 탭은 **쿼리 패널**, **결과 패널**, **메시지 패널**로 구성됩니다.

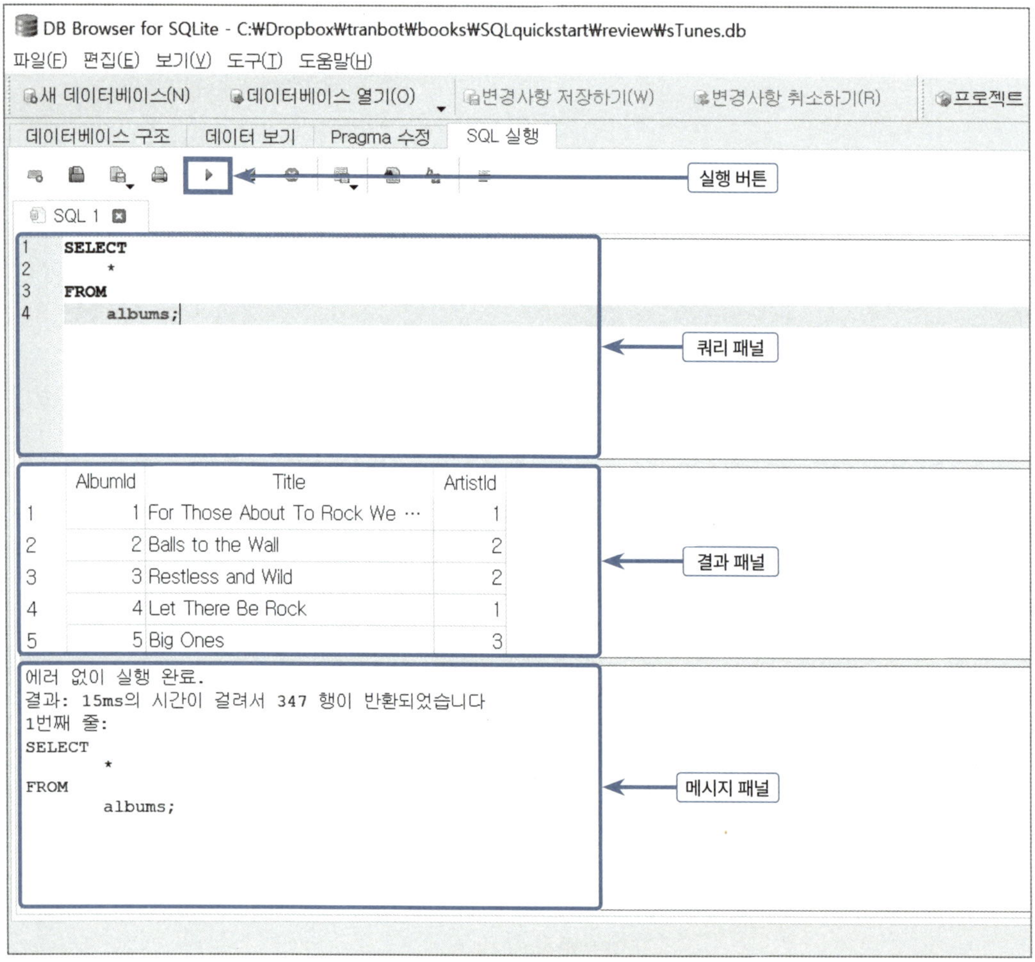

그림 3.7

그림 3.7과 같이 쿼리 패널에 다음의 SQL 쿼리를 작성하여 세 패널이 어떤 역할을 하는지 알아봅시다.

```sql
SELECT
    *
FROM
    albums;
```

이 쿼리는 albums 테이블의 모든 필드(*)를 선택합니다.[2] 쿼리 패널 위의 **실행 버튼**, 또는 단축키 F5 를 누르면 아래에 있는 결과 패널에 각 필드와 그 데이터가 나타납니다.

그림 3.7 왼쪽의 실행 버튼은 쿼리 패널의 SQL 문을 모두 실행합니다. 반면 오른쪽의 실행 버튼은 현재 커서가 위치한 SQL 문만 실행합니다.

지금은 기본적인 쿼리만 설명하고 있으므로 한 번에 SQL 문 하나만 실행할 것입니다. 고급 쿼리는 여러 개의 SQL 문을 동시에 실행할 수도 있습니다. 쿼리를 나눠서 실행하는 기능은 고급 쿼리를 테스트할 때 유용합니다. 쿼리 패널에 SQL 문이 하나만 있다면 두 실행 버튼의 결과는 똑같습니다.

결과 패널에는 쿼리 결과가 나타납니다. 결과가 많을 경우 그림 3.8과 같이 스크롤바가 나타납니다.

	AlbumId	Title	ArtistId
1	1	For Those About To Rock We Salute You	1
2	2	Balls to the Wall	2
3	3	Restless and Wild	2
4	4	Let There Be Rock	1
5	5	Big Ones	3

그림 3.8

결과 패널 아래에 있는 메시지 패널에는 그림 3.9와 같이 쿼리에 대한 정보가 표시됩니다.

- SQL 문이 반환한 레코드 숫자
- SQL 문을 실행하는 데 걸린 시간
- SQL 문 실행 중 에러가 일어난 경우 그 에러 메시지

---

2   [옮긴이] * 기호는 '애스터리스크(asterisk)'라고 부릅니다.

```
에러 없이 실행 완료.
결과: 15ms의 시간이 걸려서 347 행이 반환되었습니다
1번째 줄:
SELECT
       *
FROM
       albums;
```

그림 3.9

첫 번째 정보는 쿼리가 347개의 레코드를 반환했다는 것입니다. 스크롤바를 눈치채지 못했더라도 이 메시지를 보면 표시되지 않은 레코드가 더 있다는 걸 알 수 있습니다. 두 번째 정보는 쿼리가 15밀리초 만에 실행됐다는 것입니다. 쿼리 처리에 걸린 시간이 왜 중요한지 의아한 독자도 있을 것입니다. 사실 여기서는 아무 의미도 없습니다. 하지만 대규모 데이터베이스에서 고급 쿼리를 실행할 경우 시간이 훨씬 더 오래 걸릴 수도 있습니다. 쿼리 실행 시간은 데이터베이스가 얼마나 잘 최적화됐는지, 구조가 어떤지에 따라 다릅니다. 데이터베이스 구조에 대해서는 6장에서 여러 테이블을 사용하는 쿼리를 작성할 때 다시 설명하겠습니다.

에러 메시지는 메시지 패널에 표시됩니다. 쿼리가 원하는 대로 실행되지 않았다면 메시지 패널을 확인하십시오.

데이터 분석 체크포인트

첫 번째 데이터 분석 체크포인트입니다. 각 장 마지막에서 체크포인트를 만날 수 있습니다. 지금까지 배운 내용을 연습할 시간입니다.

데이터베이스 구조 탭과 데이터 보기 탭을 사용해 다음 질문에 답해보십시오.

1. 데이터베이스에 테이블이 몇 개 있습니까?
2. `tracks` 테이블에 필드가 몇 개 있습니까?

3. 이 테이블에는 어떤 데이터 타입이 있습니까?

4. 테이블의 데이터는 어떻게 표시됩니까?

 데이터 분석 체크포인트의 정답은 부록 I에 있습니다.

CHAPTER 03
요약

▶ DB 브라우저는 다른 소프트웨어와 마찬가지로 실행됩니다.

▶ 데이터베이스 열기 버튼으로 데이터베이스 파일을 선택할 수 있습니다.

▶ 데이터베이스 구조 탭에서 데이터베이스 파일의 구조를 볼 수 있습니다.

▶ 데이터 보기 탭의 드롭다운 메뉴로 테이블을 선택하고 레코드를 볼 수 있습니다.

▶ SQL 실행 탭에서 쿼리를 작성하고 실행할 수 있습니다.

▶ 결과 패널에는 쿼리가 반환한 데이터가 표시됩니다.

▶ 메시지 패널에는 반환 레코드 수, 쿼리 실행에 걸린 시간, 에러 메시지 등이 나타납니다.

PART 2

SQL 문 작성

- CHAPTER 04 **쿼리 시작**
- CHAPTER 05 **데이터를 정보로 변환**
- CHAPTER 06 **다중 테이블**
- CHAPTER 07 **함수**

CHAPTER 04 쿼리 시작

○ 개요
- 쿼리 표기법
- 쿼리 기본
- 별칭 사용
- 알파벳순으로 결과 정렬
- 쿼리 결과 제한
- 데이터 분석 체크포인트

SQL은 다양한 명령으로 구성된 강력하고 탄탄한 언어입니다. 이 책에서 소개하지 않는 명령어도 있지만, 바로 쓸 수 있는 쉽고 단순한 명령어도 몇 가지 있습니다. 이 장에서는 좋은 쿼리를 작성하고 결과 형식을 지정하는 기본에 대해 설명합니다. 이 장을 마칠 때쯤이면 데이터베이스에서 원하는 필드를 가져오고 알파벳 순서로 정렬할 수 있을 것입니다.

쿼리 주석

첫 번째 쿼리를 작성하기 전에 먼저 주석에 대해 알아봅시다. **주석**comment은 일상적인 언어로 작성하는, 쿼리에 대한 설명과 추가 정보입니다. 쿼리에는 항상 적절한 주석을 남기는 게 좋습니다. 이렇게 하면 다른 사람이 이 쿼리의 목적과 기능을 빨리 이해할 수 있고, 작성자 본인도 시간이 지나 잊어버린 것들을 쉽게 떠올릴 수 있습니다.

주석을 작성하는 방법에는 두 가지가 있습니다. 하이픈 2개(--) 다음에 있는 건 전부 주석입니다.

그림 4.1은 첫 행에 주석을 만든 모습입니다.

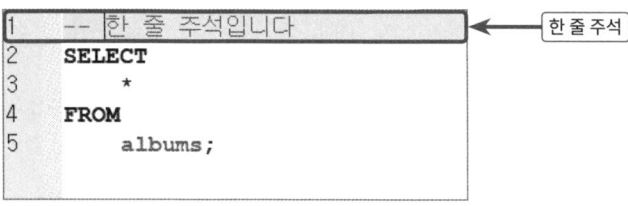

그림 4.1

주석을 여러 행으로 나눈 것을 **블록 주석**이라고 합니다. 블록 주석은 /*로 시작해 */로 끝납니다. 이 두 기호 사이에 있는 내용은 모두 주석입니다. 그림 4.2를 보십시오.

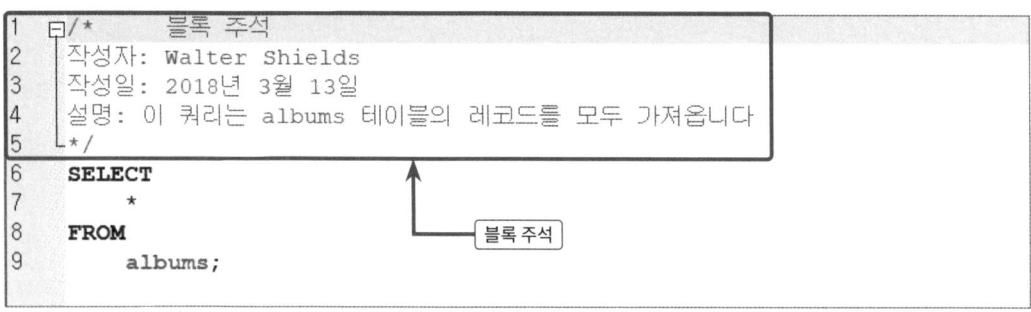

그림 4.2

그림 4.2는 블록 주석의 표준입니다. 작성자, 날짜, 설명은 누가 쿼리를 읽든 의미 있는 정보입니다.

 주석의 중요성을 무시하는 사람이 많습니다. 앞으로의 예제에서는 간결함을 위해 주석을 생략하긴 하겠지만, 필자는 실무 데이터베이스를 분석할 때 기존 주석을 통해 시간 절약 효과를 몸소 체험했습니다. 주석이 없었다면 직접 쿼리를 작성해 데이터베이스가 어떻게 동작하는지 파악해야 했을 것입니다. 다른 사람이 여러분의 쿼리를 읽거나 사용할 때 주석이 특히 중요합니다.

쿼리의 기본 구조

쿼리 작성은 일상적인 언어로 질문하는 것과 같습니다. 문구, 세부 사항, 단어 순서에 따라 전체적인 의미가 달라집니다. 질문이 상세할수록 답변이 더 정확해집니다.

쿼리를 작성할 때는 다음을 염두에 두십시오.

1. 어떤 데이터베이스에 연결할 것인가?
2. 어떤 테이블에서 데이터를 가져올 것인가?
3. 그 테이블의 어떤 필드가 필요한가?
4. 일부 데이터를 제외하거나 범위 또는 기간을 정해서 가져올 것인가?
5. 쿼리의 목적을 한 문장으로 간결하게 말한다면 어떤 문장이 될까?

위 다섯 가지 질문의 목적은 우리가 사용하는 일상적인 언어와 SQL을 쉽게 오가기 위해서입니다. 데이터 분석가로 취업했다면 상사나 동료에게 데이터에 대한 질문을 받을 것입니다. 답변하려면 이런 일상적인 언어의 질문을 쿼리로 바꿔야 합니다. 쿼리 결과를 얻으면 다시 일상적인 언어로 바꿔야 합니다. 데이터 분석가의 직무를 간단히 말하면 바로 이 과정입니다.

 쿼리가 예상대로 실행되지 않는다면 위 다섯 가지 질문을 다시 떠올려보십시오. 이 과정에서 쿼리를 다듬을 수 있을 것입니다.

쿼리 시작

쿼리를 시작할 때는 기존의 SQL 실행 탭을 사용하거나 '새 탭' 버튼을 눌러 탭을 새로 만듭니다. '새 탭' 아이콘을 클릭하십시오.

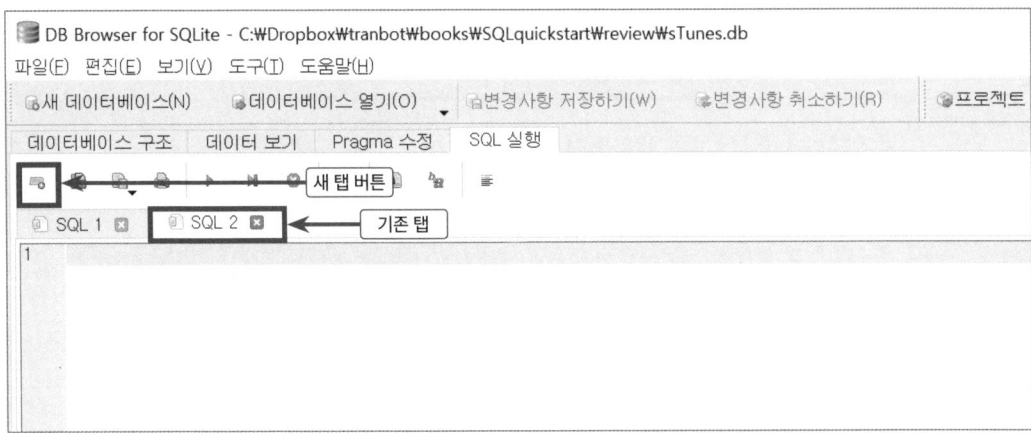

그림 4.3

쿼리 패널이 열리면 먼저 블록 주석을 작성합니다.

```
/*
작성자: [여러분의 이름]
작성일: [날짜]
설명: [쿼리에 대한 간결한 설명, 예를 들어 질문 5번의 답]
*/
```

블록 주석을 완성하면 쿼리 작성을 시작할 수 있지만, 그 전에 명확한 질문이 필요합니다. 2장에서 소개한 가상의 회사 sTunes에 데이터 분석가로 근무한다고 상상해보십시오. sTunes는 온라인에서 음악을 판매하고, 음악가, 앨범, 트랙과 함께 음악을 구입한 고객을 데이터베이스로 만들어 관리합니다. 고객 서비스 부서에서 기존 고객 전체에게 새로운 광고를 보낸다고 생각해봅시다. 고객 서비스 부서에서는 고객 연락처 리스트가 최신 상태인지 확인하고 싶어 합니다. 이를 위해 고객의 이름, 성, 이메일 주소(있다면) 전체를 요청했습니다. 이 질문에 어떻게 응답해야 할까요? 다섯 가지 질문에 답하는 것으로 시작해봅시다.

1. 어떤 데이터베이스에 연결할 것인가?

이번에는 데이터베이스 하나만 사용하고 있습니다. sTunes 데이터베이스는 이미 DB 브라우저에 열려 있습니다. 3장을 살펴본 후 브라우저를 닫았다면 다시 실행하고 sTunes 데이터베이스를 불러오십시오.

2. 어떤 테이블에서(FROM) 데이터를 가져올 것인가?

　필요한 데이터는 고객 정보입니다. 데이터베이스 구조 탭을 살펴보면 customers 테이블이 있습니다. 이 테이블이 적절해 보입니다.

3. 그 테이블의 어떤 필드를 선택(SELECT)할까?

　이 질문의 답은 데이터 보기 탭에 있습니다. 데이터 보기 탭의 드롭다운 메뉴에서 customers 테이블을 선택하면 고객의 이름, 성, 이메일 필드가 나타납니다.

4. 일부 데이터를 제외하거나 범위 또는 기간을 정해서 가져올 것인가?

　고객 서비스 부서에서 모든 고객의 데이터를 요청했으므로 생략할 데이터가 없습니다.

5. 쿼리의 목적을 한 문장으로 간결하게 말한다면 어떤 문장이 될까?

　customers 테이블에서 이름, 성, 이메일 주소를 가져옵니다.

블록 주석을 수정한 다음 FROM customers부터 시작합니다. 이 절은 데이터를 가져올 테이블을 지정합니다. 그런 다음 FROM 절 위에 SELECT 키워드를 쓰고, 키워드 다음에는 customers 테이블에서 가져올 필드들의 이름을 적습니다. 필드 이름은 **콤마**(,)로 구분합니다. 결과 쿼리는 다음과 같습니다.

```
/*
작성자: Walter Shields
작성일: 2018년 3월 13일
설명: customers 테이블에서 이름, 성, 이메일을 선택함
*/
SELECT
    FirstName,
    LastName,
    Email
FROM
    customers;
```

쿼리 작성을 마쳤으면 실행 버튼을 클릭해 쿼리를 실행합니다. 결과는 그림 4.4와 같이 결과 패널에 나타납니다. 또한 메시지 패널에는 4밀리초 만에 59개의 레코드를 반환했다는 정보도 보입니다.

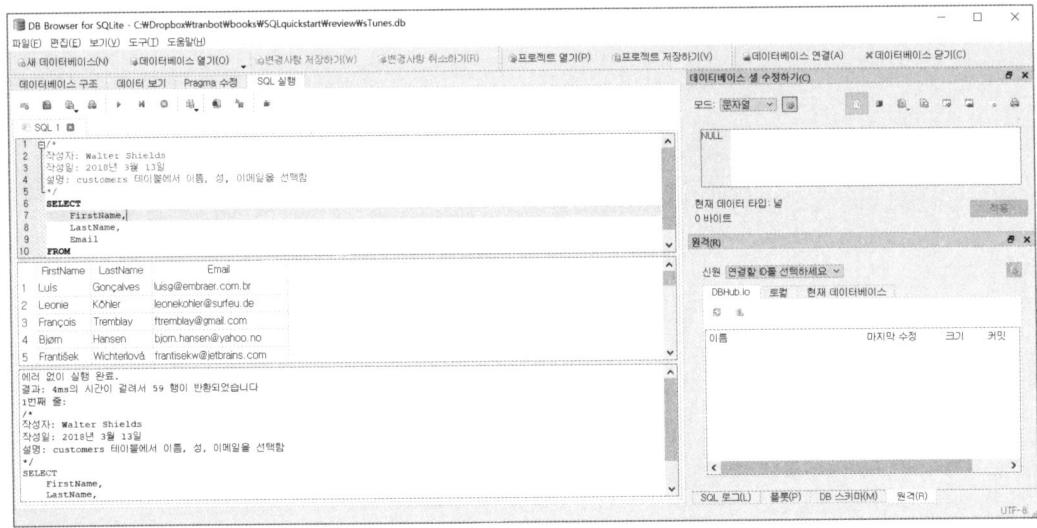

그림 4.4

 » 쿼리에 다른 필드를 추가해보십시오. Company나 Phone 필드가 적당합니다. 필드를 추가할 때는 콤마(,)도 추가해야 합니다.

문법과 관습

SQL 브라우저가 쿼리를 이해하기 위해서는 반드시 문법을 지켜야 합니다. 하지만 쿼리를 작성할 때는 SQL 브라우저만 염두에 두면 안 됩니다. 다른 사람이 쿼리를 이해할 수 있도록 작성하는 것도 중요합니다. 쿼리를 작성할 때 읽기 쉽고 일관적인 표준을 따르는 걸 **코딩 관습**coding convention이라 합니다. 코딩 관습은 데이터베이스에 따라 조금씩 다릅니다. 이 절에서는 책에서 사용한 코딩 관습에 대해 설명합니다.

3장의 예제에서는 개별 필드를 지정하지 않고 SELECT 키워드 다음에 * 기호를 썼습니다. 이 기호는 테이블의 필드를 모두 가져오라는 의미입니다. 이따금 이 기호를 쓰는 게 유용할 때도 있지만, 대부분의 경우 어떤 필드를 선택할지 결정하고 그 이름을 구체적으로 쓰는 것을 권장합니다.

또한 이 쿼리는 문 하나뿐이므로 마지막의 **세미콜론(;)**은 옵션입니다. 세미콜론은 SQL 문의 끝을 나타냅니다. 이 책의 쿼리 대부분은 문 하나이므로 앞으로는 세미콜론을 생략하겠습니다.

SELECT 절에서는 필드를 3개 선택했습니다. 마지막 필드를 제외하면, 모든 필드 다음에 반드시 콤마를 붙여 구분해야 합니다. 필드 사이의 콤마를 생략하거나 마지막 필드 뒤에 불필요한 콤마를 쓰면 문법 에러가 일어납니다.

예제의 쿼리는 여러 행으로 나눠 썼습니다. 쿼리 전체를 한 행으로 작성해도 SQL 브라우저는 문제없이 쿼리를 인식하고 결과를 반환합니다. 하지만 쿼리를 절로 구분하고, 각 절의 상세 내용은 줄바꿈을 한 후 들여 쓰는 걸 모범 사례로 봅니다. 이 책을 진행해갈수록 쿼리는 점점 길어지고 여러 가지 절을 포함하게 됩니다. 쿼리를 각 절로 구분하고 들여 쓰면 가독성이 좋아지며 다른 사람이 쉽게 이해할 수 있습니다.

절은 SELECT, FROM 같은 키워드로 시작하고 추가적인 매개변수나 연산자를 포함하는 쿼리의 일부분입니다.

필드에 별칭 사용

데이터베이스의 '용어'가 일상적인 언어와 다른 경우는 흔히 있습니다. 또한 오래된 데이터베이스, 필드 이름을 한동안 수정하지 않은 데이터베이스에서 작업해야 할 때도 있습니다. 이런 경우 필드 이름에 **별칭**alias을 붙이면 이해하기 쉽습니다. 또한 쿼리 결과도 더 읽기 쉽고 보기 좋게 바꿀 수 있습니다.

다음 예제는 customers 테이블에서 선택한 필드에 별칭을 붙이는 방법입니다. 별칭은 항상 필드 이름 바로 뒤에 씁니다. 별칭 앞에 **AS 키워드**를 쓰는 경우가 있는데, 필드 이름과 별칭을 AS 키워드로 구분하는 건 대부분의 RDBMS에서 옵션입니다.

```
/*
작성자: Walter Shields
작성일: 2018년 3월 13일
설명: 이 쿼리는 customers 테이블에서 이름, 성, 이메일, 전화번호를 선택하며
별칭을 붙이는 네 가지 방법을 예시함
*/

SELECT
    FirstName AS 'First Name',
```

```
    LastName AS [Last Name],
    Email AS EMAIL,
    Phone CELL
FROM
    customers
```

이 예제에서는 처음 3개의 필드에 AS 키워드를 사용하고 Phone 필드에서는 생략했습니다. 별칭이 First Name이나 Last Name처럼 여러 단어로 구성된 경우 작은따옴표(' ')나 대괄호([ ])로 묶어야 합니다. EMAIL과 CELL은 단어 하나뿐이므로 작은따옴표나 대괄호가 필요 없습니다.

> SQLlite는 여러 가지 별칭 지정 방식을 허용하지만, 다른 RDBMS는 여기서 예를 든 방법 일부를 인식하지 못할 수도 있습니다. 쿼리를 실행할 때 문법 에러가 일어난다면 별칭 지정 방식을 확인해보십시오.

별칭이 없는 결과

	FirstName	LastName	Email
1	Luís	Gonçalves	luisg@embraer.com.br
2	Leonie	Köhler	leonekohler@surfeu.de
3	François	Tremblay	ftremblay@gmail.com
4	Bjørn	Hansen	bjorn.hansen@yahoo.no
5	František	Wichterlová	frantisekw@jetbrains.com
6	Helena	Holý	hholy@gmail.com
7	Astrid	Gruber	astrid.gruber@apple.at
8	Daan	Peeters	daan_peeters@apple.be
9	Kara	Nielsen	kara.nielsen@jubii.dk
10	Eduardo	Martins	eduardo@woodstock.com.br

별칭이 있는 결과

	First Name	Last Name	EMAIL
1	Luís	Gonçalves	luisg@embraer.com.br
2	Leonie	Köhler	leonekohler@surfeu.de
3	François	Tremblay	ftremblay@gmail.com
4	Bjørn	Hansen	bjorn.hansen@yahoo.no
5	František	Wichterlová	frantisekw@jetbrains.com
6	Helena	Holý	hholy@gmail.com
7	Astrid	Gruber	astrid.gruber@apple.at
8	Daan	Peeters	daan_peeters@apple.be
9	Kara	Nielsen	kara.nielsen@jubii.dk
10	Eduardo	Martins	eduardo@woodstock.com.br

그림 4.5

그림 4.5의 왼쪽 결과에는 별칭을 쓰지 않았고 오른쪽은 필드 이름이 별칭으로 바뀌었습니다. 별칭을 추가해도 데이터베이스의 데이터가 바뀌지는 않습니다. 별칭은 결과 패널에 데이터가 표시되는 방법만 바꿉니다.

> » 이 쿼리에 다른 필드를 추가하고 별칭을 지정해보십시오.
> » 별칭 문법에서 AS 키워드를 전부 생략하고 결과가 달라지는지 확인해보십시오.

 SQL 키워드는 별칭으로 사용하지 마십시오. 키워드를 별칭으로 사용하면 읽는 사람이 혼란스러울 뿐 아니라 문법 에러가 생길 수도 있고 RDBMS가 명령을 다른 방향으로 해석할 수도 있습니다.

ORDER BY 절

지금 우리는 고객 서비스 팀에 고객 리스트를 제공하고 있습니다. 고객 리스트를 성 기준으로 정렬하면 더 좋을 수도 있습니다. 이렇게 결과를 정렬할 때는 FROM 절 뒤에 다른 절을 이어 붙입니다. **ORDER BY 절**은 선택한 필드를 기준으로 결과를 정렬합니다. 기본 정렬 순서는 A가 맨 앞, Z가 맨 뒤인 오름차순이며, 이를 지정하는 **ASC 키워드**는 옵션입니다. 반대인 내림차순으로 정렬할 때는 필드 이름 뒤에 **DESC 키워드**를 추가합니다. ORDER BY LastName DESC는 결과를 고객의 성 기준으로 알파벳 역순으로 정렬합니다.

```
/*
작성자: Walter Shields
작성일: 2018년 3월 13일
설명: customers 테이블에서 고객 이름, 성, 이메일을 가져오되 결과는 성에 따라 정렬함
*/
SELECT
    FirstName AS [First Name],
    LastName AS [Last Name],
    Email AS [EMAIL]
FROM
    customers
ORDER BY
    LastName ASC
```

그림 4.6

 ORDER BY를 쓰지 않으면 테이블에 저장된 순서대로 반환됩니다.

ORDER BY 절에서 여러 필드를 기준으로 지정할 수 있습니다. 이번에는 이름을 오름차순으로, 이름이 같은 경우 성을 내림차순으로 정렬해보겠습니다. 이렇게 하려면 ORDER BY 절에 필드를 2개 써야 합니다. SELECT 절과 마찬가지로 필드는 콤마로 구분합니다.

```
/*
작성자: Walter Shields
작성일: 2018년 3월 13일
설명: customers 테이블에서 고객 이름, 성, 이메일을 가져오되
      결과를 이름의 오름차순, 성의 내림차순으로 정렬함
*/
SELECT
    FirstName AS [First Name],
    LastName AS [Last Name],
    Email AS [EMAIL]
FROM
    customers
ORDER BY
```

```
    FirstName ASC,
    LastName DESC
```

쿼리를 실행하고 이름이 Frank인 고객(레코드 16, 17)을 보면 같은 이름에서는 성의 내림차순으로 정렬된 걸 확인할 수 있습니다.

일부 레코드에 빈 값이 있는 필드를 ORDER BY 절에 사용하면 값은 NULL로 표시되고, 오름차순인 경우 맨 위에 표시됩니다.

쿼리 결과에서 LastName이 맨 앞에 오도록 SELECT 절을 수정해보십시오. 결과는 LastName 기준으로 정렬하십시오. 어느 쪽 결과가 더 이해하기 쉬운지 생각해보십시오.

LIMIT를 사용해 상위 10개 레코드 선택

지금까지는 customers 테이블의 모든 레코드를 반환했습니다. 비록 쿼리 결과를 3개의 필드로 제한하고 알기 쉽게 정렬했지만 59개의 레코드가 한눈에 들어오진 않습니다. 레코드 전체를 일일이 확인할 필요가 없다면 결과 레코드 수를 제한할 수 있습니다. 나중에 설명하겠지만, 가격이 가장 높은 상품이나 판매고가 가장 많은 상품을 확인할 때도 레코드 제한 기능이 유용합니다. ORDER BY 절 다음에 LIMIT 10을 추가하면 지정한 순서대로 정렬한 뒤 처음 10개의 레코드만 반환됩니다. 10은 얼마든지 원하는 숫자로 바꿀 수 있습니다(레코드 숫자보다 많은 숫자를 지정하면 전체 레코드를 반환합니다).

```
/*
작성자: Walter Shields
작성일: 2018년 3월 13일
설명: customers 테이블에서 고객 이름, 성, 이메일을 가져오되
      결과를 이름의 오름차순, 성의 내림차순으로 정렬한 상위 10개의 레코드만 표시함
*/

SELECT
    FirstName AS [First Name],
    LastName AS [Last Name],
```

```
    Email AS [EMAIL]
FROM
    customers
ORDER BY
    FirstName ASC,
    LastName DESC
LIMIT 10
```

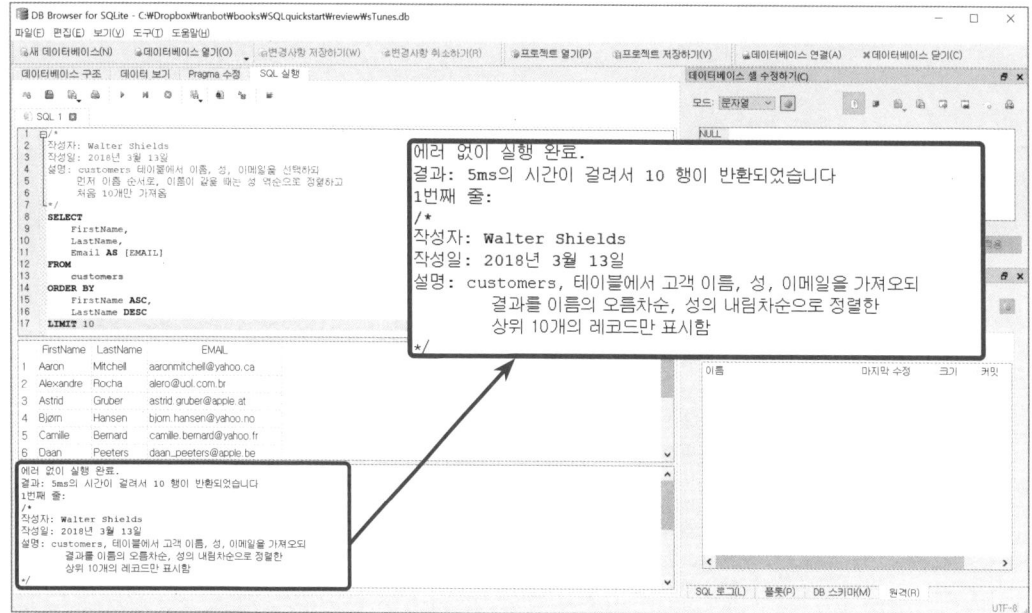

그림 4.7

그림 4.7과 같이 메시지 패널에 '5밀리초에 10개의 레코드가 반환됐습니다'라는 메시지가 표시됩니다. 이 쿼리는 먼저 ORDER BY를 수행한 다음 레코드 제한을 적용합니다.

> LIMIT를 꼭 ORDER BY와 함께 사용해야 하는 건 아닙니다. 다만, '상위 몇 건'으로 결과를 제한한다면 그 전에 무엇을 기준으로 상위를 결정할지 지정하는 게 합리적일 뿐입니다. ORDER BY 절 없이 LIMIT 절만 지정하면 결과는 테이블에 추가된 순서를 기준으로 반환됩니다.

데이터 분석 체크포인트

1. 성이 B로 시작하는 고객은 몇 명입니까?
2. 내림차순으로 정렬했을 때 customers 테이블에서 맨 위에 표시되는 회사는 무엇입니까?
3. 우편번호가 없는 고객은 몇 명입니까?

요약

CHAPTER 04

- ▶ 쿼리에는 가급적 주석을 사용하십시오. 기본적인 블록 주석에는 이름, 날짜, 쿼리가 하는 일을 요약하여 기재합니다.

- ▶ 쿼리를 작성하기 전에 먼저 원하는 결과를 일상적인 언어로 표현한 다음 필요한 키워드와 절을 추가해나가는 게 좋습니다.

- ▶ 기본적인 쿼리는 보통 어떤 필드가 필요한지 지정하는 `SELECT` 절이 있고, 그 뒤에 원하는 테이블을 지정하는 `FROM` 절이 따라옵니다.

- ▶ 별칭을 쓰면 쿼리 결과의 필드 이름이 바뀝니다. 이는 단지 결과의 모양을 변경할 뿐이며 데이터베이스의 데이터에는 영향이 없습니다.

- ▶ `ORDER BY` 절을 통해 필드를 오름차순(ASC)이나 내림차순(DESC)으로 정렬할 수 있습니다.

- ▶ `ORDER BY` 절 다음에 `LIMIT`를 써서 레코드 숫자를 제한할 수 있습니다. `LIMIT`를 사용할 때는 반드시 숫자를 써야 합니다.

CHAPTER 05
데이터를 정보로 변환

개요
- SQL 연산자
- WHERE 절
- 와일드카드로 텍스트 검색
- DATE() 함수
- OR와 AND 함께 사용
- CASE 문
- 데이터 분석 체크포인트

기본적인 SELECT 문을 사용해 데이터베이스 테이블에서 원하는 필드를 가져오고 필요에 따라 정렬하는 방법을 배웠습니다. 필드를 표시하고 정렬하는 것도 중요하지만, 더 구체적인 질문을 위해서 추가로 배워야 할 게 있습니다. 4장의 데이터 분석 체크포인트에는 성이 B로 시작하는 고객이 몇 명인지 묻는 질문이 있었습니다. 이 연습 문제를 풀어봤다면 해당하는 고객이 그리 많지는 않다는 걸 확인했을 것입니다. 따라서 성을 기준으로 데이터를 정렬한 다음 성이 B로 시작하는 고객을 직접 세는 것이 그리 어렵지는 않았습니다. 하지만 데이터베이스가 훨씬 크고 고객이 수백만 명이라도 그렇게 할 수 있을까요? 이런 경우에는 성이 B로 시작하는 고객을 직접 셀 수는 없습니다. SQL은 **레코드셋**record set(혹은 **결과셋**result set), 즉 쿼리 결과를 아주 구체적으로 좁히고 조건에 따라 데이터를 필터링할 수 있는 도구를 제공합니다.

지금부터는 본문에서 DB 브라우저의 기능을 설명할 때를 제외하면 브라우저 화면을 캡처하지 않습니다. 대신 그림 5.1과 같이 쿼리 결과를 표 형태로 표시하겠습니다.

	레코드 3개만 포함하는 레코드셋	
	InvoiceDate	BillingAddress
1	1/1/2009 0:00	Theodor-Heuss-Straße 34
2	2/1/2009 0:00	Barbarossastraße 19
3	2/1/2009 0:00	8, Rue Hanovre
	3 rows returned in 3ms	

	레코드가 3개 이상이지만 처음 세 레코드만 표시한 레코드셋	
	InvoiceDate	BillingAddress
1	1/1/2009 0:00	Theodor-Heuss-Straße 34
2	2/1/2009 0:00	Barbarossastraße 19
3	2/1/2009 0:00	8, Rue Hanovre
...	150 rows returned in 3ms	

그림 5.1

비교, 논리, 산술 연산자

연산자operator는 필드 값을 비교하거나, 부분집합을 선택하거나, 산술연산을 수행할 때 사용하는 키워드입니다. SELECT 같은 키워드와는 달리 연산자는 그 자체로 SQL 절이 될 수 없으며 SELECT 절, 이 장에서 설명할 WHERE 절 같은 다른 절 안에서만 쓸 수 있습니다. 그림 5.2는 이 장에서 사용할 세 가지 연산자를 나타낸 것입니다.

타입	연산자	의미
비교	=	일치
	>	초과
	<	미만
	>=	이상
	<=	이하
	<>	불일치

타입	연산자	의미
논리	BETWEEN	
	IN	
	LIKE	
	AND	
	OR	

타입	연산자	의미
산술	+	덧셈
	-	뺄셈
	/	나눗셈
	*	곱셈
	%	나머지

그림 5.2

 다양한 연산자를 조합해서 더 복잡한 쿼리를 만들 수 있습니다. 연산자 조합을 통해 데이터 범위를 검색하거나 조건을 만들 수도 있습니다. 이 장에서 설명하는 내용은 그중 일부이며 훨씬 다양한 사용법이 존재합니다.

다음 예제에서는 SELECT 절에 산술 연산자를 써서 invoices 테이블의 Total 필드 값을 여러 가지로 변환했습니다. 산술 연산자는 숫자 데이터를 다룰 때 유용합니다.

```
SELECT
    Total AS [Original Amount],
    Total + 10 AS [Addition Operator],
    Total - 10 AS [Subtraction Operator],
    Total / 10 AS [Division Operator],
    Total * 10 AS [Multiplication Operator],
    Total % 10 AS [Modulo Operator]
FROM
    invoices
ORDER BY
    Total DESC
```

	Original Amount	Addition Operator	Subtraction Operator	Division Operator	Multiplication Operator	Modulo Operator
1	25.86	35.86	15.86	2.586	258.6	5
2	23.86	33.86	13.86	2.386	238.6	3
3	21.86	31.86	11.86	2.186	218.6	1
4	21.86	31.86	11.86	2.186	218.6	1
5	18.86	28.86	8.86	1.886	188.6	8
...	412 results in 42ms					

그림 5.3

위 예제를 수정해서 invoices 테이블의 Total 필드에 15% 세금을 붙인 결과를 표시해보십시오.

WHERE 절로 레코드 필터링

연산자는 WHERE 절에서도 자주 사용합니다. WHERE 절은 쿼리에 조건을 추가합니다. WHERE를 써서 조건을 만족하는 데이터만 가져오게끔 제한할 수 있습니다.

영업팀에서 0.99달러에 두 곡을 구입한 고객 숫자를 묻는다고 가정합시다. 어떻게 답변해야 할까요? 3장의 데이터 분석 체크포인트에서 `tracks` 테이블을 살펴봤습니다. 개별 곡의 가격은 그림 5.4와 같이 0.99달러 또는 1.99달러입니다.

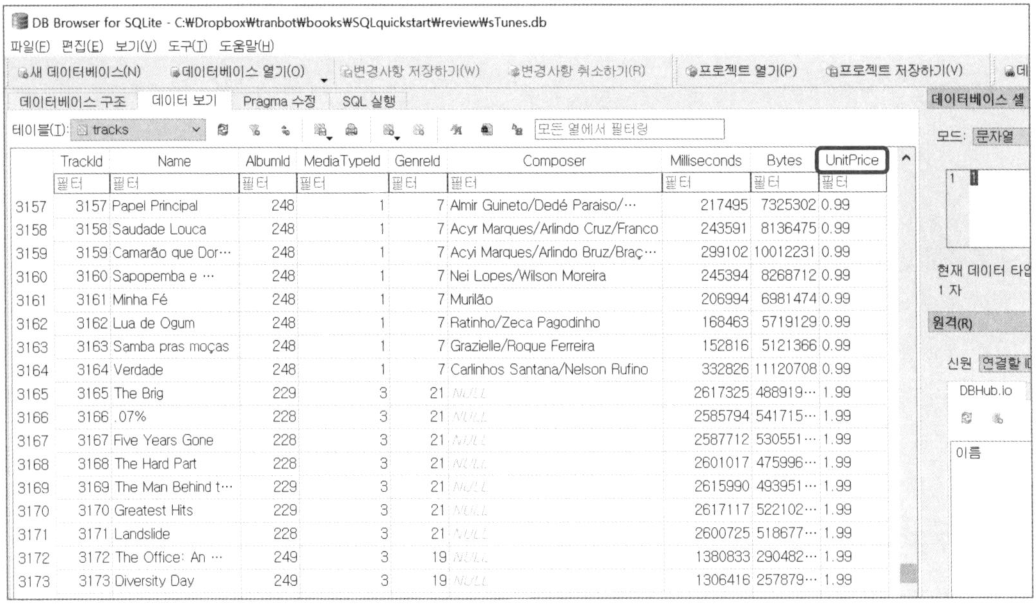

	TrackId	Name	AlbumId	MediaTypeId	GenreId	Composer	Milliseconds	Bytes	UnitPrice
3157	3157	Papel Principal	248	1	7	Almir Guineto/Dedé Paraiso/…	217495	7325302	0.99
3158	3158	Saudade Louca	248	1	7	Acyr Marques/Arlindo Cruz/Franco	243591	8136475	0.99
3159	3159	Camarão que Dor…	248	1	7	Acyi Marques/Arlindo Bruz/Braç…	299102	10012231	0.99
3160	3160	Sapopemba e …	248	1	7	Nei Lopes/Wilson Moreira	245394	8268712	0.99
3161	3161	Minha Fé	248	1	7	Murilão	206994	6981474	0.99
3162	3162	Lua de Ogum	248	1	7	Ratinho/Zeca Pagodinho	168463	5719129	0.99
3163	3163	Samba pras moças	248	1	7	Grazielle/Roque Ferreira	152816	5121366	0.99
3164	3164	Verdade	248	1	7	Carlinhos Santana/Nelson Rufino	332826	11120708	0.99
3165	3165	The Brig	229	3	21	NULL	2617325	488919…	1.99
3166	3166	.07%	228	3	21	NULL	2585794	541715…	1.99
3167	3167	Five Years Gone	228	3	21	NULL	2587712	530551…	1.99
3168	3168	The Hard Part	228	3	21	NULL	2601017	475996…	1.99
3169	3169	The Man Behind t…	229	3	21	NULL	2615990	493951…	1.99
3170	3170	Greatest Hits	229	3	21	NULL	2617117	522102…	1.99
3171	3171	Landslide	228	3	21	NULL	2600725	518677…	1.99
3172	3172	The Office: An …	249	3	19	NULL	1380833	290482…	1.99
3173	3173	Diversity Day	249	3	19	NULL	1306416	257879…	1.99

그림 5.4

`invoices` 테이블에는 그림 5.5와 같이 각 주문의 전체 가격인 `Total` 필드가 있습니다.

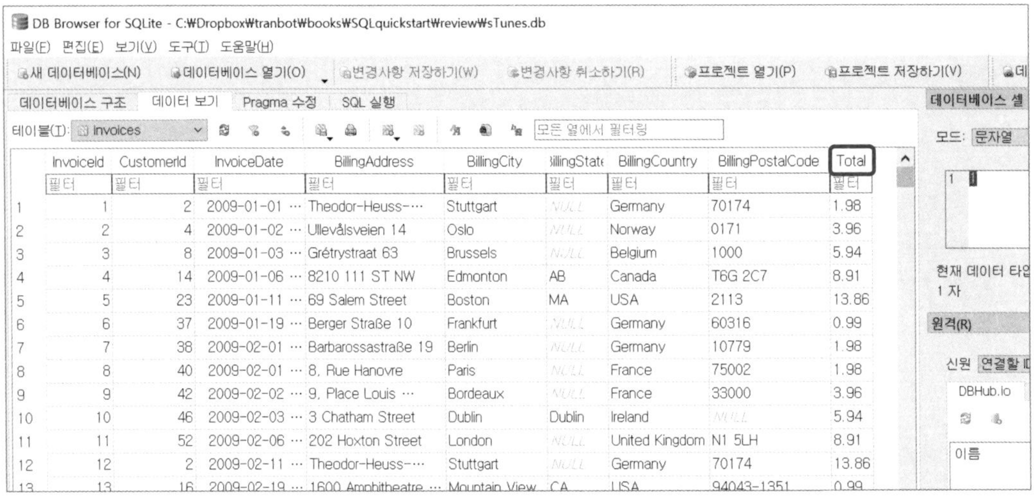

	InvoiceId	CustomerId	InvoiceDate	BillingAddress	BillingCity	BillingState	BillingCountry	BillingPostalCode	Total
1	1	2	2009-01-01 …	Theodor-Heuss-…	Stuttgart	NULL	Germany	70174	1.98
2	2	4	2009-01-02 …	Ullevålsveien 14	Oslo	NULL	Norway	0171	3.96
3	3	8	2009-01-03 …	Grétrystraat 63	Brussels	NULL	Belgium	1000	5.94
4	4	14	2009-01-06 …	8210 111 ST NW	Edmonton	AB	Canada	T6G 2C7	8.91
5	5	23	2009-01-11 …	69 Salem Street	Boston	MA	USA	2113	13.86
6	6	37	2009-01-19 …	Berger Straße 10	Frankfurt	NULL	Germany	60316	0.99
7	7	38	2009-02-01 …	Barbarossastraße 19	Berlin	NULL	Germany	10779	1.98
8	8	40	2009-02-01 …	8, Rue Hanovre	Paris	NULL	France	75002	1.98
9	9	42	2009-02-02 …	9, Place Louis …	Bordeaux	NULL	France	33000	3.96
10	10	46	2009-02-03 …	3 Chatham Street	Dublin	Dublin	Ireland	NULL	5.94
11	11	52	2009-02-06 …	202 Hoxton Street	London	NULL	United Kingdom	N1 5LH	8.91
12	12	2	2009-02-11 …	Theodor-Heuss-…	Stuttgart	NULL	Germany	70174	13.86
13	13	16	2009-02-19 …	1600 Amphitheatre …	Mountain View	CA	USA	94043-1351	0.99

그림 5.5

0.99달러의 곡 2개만 구입한 고객 수를 확인하려면 invoices 테이블에서 1.98달러(0.99 * 2)를 검색합니다. 4장에서 배운 내용을 이용해 주문 전체를 총액으로 정렬할 수도 있지만, 그 방법을 쓰면 손으로 고객 수를 직접 세야 합니다. 그보다는 FROM과 ORDER BY 사이에 WHERE 절을 추가해서 총액이 1.98달러인 레코드만 가져오는 게 좋습니다. 총액만 가져오기보다는 주문일, 주소 같은 다른 필드를 추가하면 각 고객을 더 쉽게 식별할 수 있습니다. 세 절을 합친 쿼리는 다음과 같습니다

```
SELECT
    InvoiceDate,
    BillingAddress,
    BillingCity,
    Total
FROM
    invoices
WHERE
    Total = 1.98
ORDER BY
    InvoiceDate
```

	InvoiceDate	BillingAddress	BillingCity	Total
1	2009-01-01 00:00:00	Theodor-Heuss-Straße 34	Stuttgart	1.98
2	2009-02-01 00:00:00	Barbarossastraße 19	Berlin	1.98
3	2009-02-01 00:00:00	8, Rue Hanovre	Paris	1.98
4	2009-03-04 00:00:00	1 Microsoft Way	Redmond	1.98
5	2009-03-04 00:00:00	1 Infinite Loop	Cupertino	1.98
6	2009-04-04 00:00:00	421 Bourke Street	Sidney	1.98
7	2009-04-04 00:00:00	Calle Lira, 198	Santiago	1.98
8	2009-05-05 00:00:00	Rua a Assunção 53	Lisbon	1.98
9	2009-05-05 00:00:00	Tauentzienstraße 8	Berlin	1.98
10	2009-06-05 00:00:00	Qe 7 Bloco G	Brasília	1.98
...	111 rows returned in 7ms			

그림 5.6

WHERE 절은 항상 FROM 뒤, ORDER BY 앞에 씁니다. 위 예제의 WHERE 절은 총액이 1.98인 송장을 모두 가져옵니다. 이 절에 있는 등호는 비교 연산자 역할을 합니다.

비교 연산자를 사용해 다음과 같은 쿼리를 만들어보십시오.

- 총액이 1.98보다 큰 송장을 모두 반환하는 쿼리
- 총액이 1.98보다 크거나 같은 송장을 모두 반환하는 쿼리
- 총액이 1.98이 아닌 송장을 모두 반환하는 쿼리

논리 연산자도 유용합니다. 비교 연산자로 만들기 어려운 쿼리를 논리 연산자로는 쉽게 작성할 수도 있습니다. 총액이 1.98달러에서 5.00달러 사이인 송장이 몇 개 있는지 확인해달라는 요청을 받았다고 가정합시다.

이런 작업에 적합한 연산자는 BETWEEN입니다. **BETWEEN 연산자**는 필드의 값이 특정 범위 안에 있는지 확인하며, 범위를 정의할 때는 **AND 연산자**를 사용합니다. 다음 예제는 총액이 1.98에서 5.00 사이인 송장을 모두 반환합니다.

```
SELECT
    InvoiceDate,
    BillingAddress,
    BillingCity,
    Total
FROM
    invoices
WHERE
    Total BETWEEN 1.98 AND 5.00
ORDER BY
    InvoiceDate
```

이 쿼리의 처음 10개의 레코드는 그림 5.7과 같습니다. 모든 레코드가 1.98달러에서 5.00달러 사이의 총액인 걸 확인할 수 있습니다. BETWEEN 연산자는 범위를 계산할 때 '이상, 이하'로 판단합니다. 다시 말해 1.98과 5.00도 범위에 들어갑니다. 비교 연산자를 사용한다면 `Total >= 1.98 AND Total <= 5.00`을 써도 같은 결과를 얻을 수 있지만, BETWEEN 쪽이 더 간결합니다.

위 예제에서는 AND 연산자를 BETWEEN 안에서 사용했지만, AND 연산자는 논리 연산자로서 훨씬 다양한 역할이 있습니다. 추후 다시 설명하겠습니다.

	InvoiceDate	BillingAddress	BillingCity	Total
1	2009-01-01 00:00:00	Theodor-Heuss-Straße 34	Stuttgart	1.98
2	2009-01-02 00:00:00	Ullevålsveien 14	Oslo	3.96
3	2009-02-01 00:00:00	Barbarossastraße 19	Berlin	1.98
4	2009-02-01 00:00:00	8, Rue Hanovre	Paris	1.98
5	2009-02-02 00:00:00	9, Place Louis Barthou	Bordeaux	3.96
6	2009-03-04 00:00:00	1 Microsoft Way	Redmond	1.98
7	2009-03-04 00:00:00	1 Infinite Loop	Cupertino	1.98
8	2009-03-05 00:00:00	801 W 4th Street	Reno	3.96
9	2009-04-04 00:00:00	421 Bourke Street	Sidney	1.98
10	2009-04-04 00:00:00	Calle Lira, 198	Santiago	1.98
...	178 rows returned in 3ms			

그림 5.7

이전 예제를 Total 필드를 기준으로 정렬해보고 총액이 가장 높은 송장을 찾아보십시오.

IN 연산자는 범위가 아닌 목록에서 값을 찾는 유용한 연산자입니다. 이전 예제의 BETWEEN 연산자는 총액이 1.98에서 5.00까지의 '범위' 안에 있는 레코드를 찾았습니다. IN 연산자는 이와 달리 원하는 값 목록을 직접 지정합니다. 값 목록은 콤마로 구분하며 괄호로 묶습니다. 다음 쿼리는 총액이 정확히 1.98달러 또는 3.96달러인 송장만 반환합니다. 그림 5.8을 보십시오.

```
SELECT
    InvoiceDate,
    BillingAddress,
    BillingCity,
    Total
FROM
    invoices
WHERE
    Total IN (1.98, 3.96)
ORDER BY
    InvoiceDate
```

	InvoiceDate	BillingAddress	BillingCity	Total
1	2009-01-01 00:00:00	Theodor-Heuss-Straße 34	Stuttgart	1.98
2	2009-01-02 00:00:00	Ullevålsveien 14	Oslo	3.96
3	2009-02-01 00:00:00	Barbarossastraße 19	Berlin	1.98
4	2009-02-01 00:00:00	8, Rue Hanovre	Paris	1.98
5	2009-02-02 00:00:00	9, Place Louis Barthou	Bordeaux	3.96
6	2009-03-04 00:00:00	1 Microsoft Way	Redmond	1.98
7	2009-03-04 00:00:00	1 Infinite Loop	Cupertino	1.98
8	2009-03-05 00:00:00	801 W 4th Street	Reno	3.96
9	2009-04-04 00:00:00	421 Bourke Street	Sidney	1.98
10	2009-04-04 00:00:00	Calle Lira, 198	Santiago	1.98
...	168 rows returned in 2ms			

그림 5.8

= 연산자로는 하나의 값만 찾을 수 있습니다. IN 연산자를 사용하면 찾을 값을 콤마로 구분해 원하는 만큼 추가할 수 있습니다. IN 연산자는 텍스트와 함께 사용할 수도 있습니다. 다음 절에 IN 연산자를 텍스트와 함께 사용한 예제가 나옵니다.

- 방금 실행한 쿼리가 반환하는 레코드는 총 몇 개입니까?
- 총액이 13.86달러, 18.86달러, 21.86달러 중 하나인 송장을 모두 반환하는 쿼리를 만들어보십시오.

텍스트로 레코드 필터링

숫자 대신 문자열도 쓸 수 있습니다. 비교 연산자를 사용한 예를 봅시다. 이번에는 투손Tucson에서 발행된 송장이 몇 건인지 확인해달라는 요청을 받았습니다. 이 질문에 답하려면 SELECT 문은 이전 예제와 똑같이 작성하되, WHERE 절에서 청구지 주소를 확인하도록 바꿉니다. 다음 쿼리는 투손 시에서 발행된 송장을 모두 반환합니다.

```
SELECT
    InvoiceDate,
    BillingAddress,
    BillingCity,
    Total
FROM
    invoices
WHERE
    BillingCity = 'Tucson'
ORDER BY
    Total
```

	InvoiceDate	BillingAddress	BillingCity	Total
1	2012-03-011 00:00:00	1033 N Park Ave	Tucson	0.99
2	2011-01-15 00:00:00	1033 N Park Ave	Tucson	1.98
3	2013-09-02 00:00:00	1033 N Park Ave	Tucson	1.98
4	2011-04-19 00:00:00	1033 N Park Ave	Tucson	3.96
5	2011-07-22 00:00:00	1033 N Park Ave	Tucson	5.94
6	2009-06-10 00:00:00	1033 N Park Ave	Tucson	8.91
7	2013-10-13 00:00:00	1033 N Park Ave	Tucson	13.86
	7 rows returned in 1ms			

그림 5.9

레코드셋을 보면 투손에서 발행된 송장은 총 7건입니다.

 WHERE 절에서 텍스트를 사용할 때는 BillingCity = 'Tucson'처럼 텍스트 값을 반드시 작은따옴표로 감싸야 합니다.

앞 예제에서 =를 사용한 이유는 찾을 값이 단 하나이기 때문입니다. 여러 도시를 대상으로 검색하려면 IN 연산자를 사용합니다.

```
SELECT
    InvoiceDate,
    BillingAddress,
    BillingCity,
    Total
```

```
FROM
    invoices
WHERE
    BillingCity IN ('Tucson', 'Paris', 'London')
ORDER BY
    Total
```

	InvoiceDate	BillingAddress	BillingCity	Total
1	2011-11-08 00:00:00	202 Hoxton Street	London	0.99
2	2012-03-11 00:00:00	1033 N Park Ave	Tucson	0.99
3	2012-08-13 00:00:00	8, Rue Hanovre	Paris	0.99
4	2013-01-15 00:00:00	113 Lupus St	London	0.99
5	2009-02-01 00:00:00	8, Rue Hanovre	Paris	1.98
6	2009-07-06 00:00:00	113 Lupus St	London	1.98
7	2010-04-11 00:00:00	4, Rue Milton	Paris	1.98
8	2010-09-13 00:00:00	202 Hoxton Street	London	1.98
9	2011-01-15 00:00:00	1033 N Park Ave	Tucson	1.98
10	2011-11-21 00:00:00	113 Lupus St	London	1.98
...	35 rows returned in 7ms			

그림 5.10

LIKE 연산자와 와일드카드 검색

LIKE 연산자를 사용하면 텍스트의 일부만 일치하는 값을 찾을 수 있습니다. 데이터베이스의 텍스트 값을 확신할 수 없을 때, 텍스트 값에 오타가 포함됐을 가능성이 있을 때 특히 유용합니다. 예를 들어, 청구지 주소가 T로 시작하는 도시인 레코드를 찾고 싶다면 WHERE 절을 그에 맞게 바꿔야 합니다.

LIKE 연산자가 유용한 이유는 와일드카드인 % 기호를 쓸 수 있기 때문입니다. = 기호는 값 전체가 일치하는 레코드만 검색하지만, LIKE와 와일드카드를 쓰면 훨씬 다양한 레코드를 검색합니다.

 와일드카드 역시 항상 작은따옴표로 묶어야 합니다. 작은따옴표 없이 % 기호만 쓰면 나머지 연산자로 인식합니다. 또한 텍스트 검색은 대소문자를 구별하지 않습니다. 즉, 소문자 t와 대문자 T의 결과는 같습니다.

와일드카드 %는 그 자리에 어떤 문자가 몇 개 있든 가리지 않고 찾습니다. '%과%'는 '사과는 맛있어'는 물론 '동해물과 백두산이 마르고 닳도록' 같은 필드도 찾습니다. 다음 예제는 청구지 주소가 T로 시작하는 송장을 모두 검색합니다. 그림 5.11과 같이 토론토와 투손이 모두 검색됩니다.

```
SELECT
    InvoiceDate,
    BillingAddress,
    BillingCity,
    Total
FROM
    invoices
WHERE
    BillingCity LIKE 'T%'
ORDER BY
    Total
```

	InvoiceDate	BillingAddress	BillingCity	Total
1	2009-07-24 00:00:00	796 Dundas Street West	Toronto	0.99
2	2012-03-11 00:00:00	1033 N Park Ave	Tucson	0.99
3	2011-01-15 00:00:00	1033 N Park Ave	Tucson	1.98
4	2011-01-15 00:00:00	796 Dundas Street West	Toronto	1.98
5	2013-06-01 00:00:00	796 Dundas Street West	Toronto	1.98
6	2013-09-02 00:00:00	1033 N Park Ave	Tucson	1.98
7	2011-04-19 00:00:00	1033 N Park Ave	Tucson	3.96
8	2013-09-03 00:00:00	796 Dundas Street West	Toronto	3.96
9	2011-07-22 00:00:00	1033 N Park Ave	Tucson	5.94
10	2013-12-06 00:00:00	796 Dundas Street West	Toronto	5.94
...	14 rows returned in 1ms			

그림 5.11

T 앞에 % 기호를 하나 더 추가하면 쿼리는 위치와 상관없이 T가 포함된 도시를 모두 찾습니다.

```
SELECT
    InvoiceDate,
    BillingAddress,
    BillingCity,
    Total
FROM
    invoices
```

```
WHERE
    BillingCity LIKE '%T%'
ORDER BY
    Total
```

	InvoiceDate	BillingAddress	BillingCity	Total
1	2009-01-19 00:00:00	Berger Straße 10	Frankfurt	0.99
2	2009-02-19 00:00:00	1600 Amphitheatre Parkway	Mountain View	0.99
3	2009-07-24 00:00:00	796 Dundas Street West	Toronto	0.99
4	2010-08-31 00:00:00	Celsiusg. 9	Stockholm	0.99
5	2010-10-01 00:00:00	230 Elgin Street	Ottawa	0.99
6	2011-01-02 00:00:00	2211 W Berry Street	Fort Worth	0.99
7	2011-09-07 00:00:00	Rua dos Campeões Europeus de Viena, 4350	Porto	0.99
...	126 rows returned in 2ms			

그림 5.12

> 물론 T로 시작하거나 끝나는 도시도 전부 포함합니다. %는 '모든' 문자이므로 당연히 T도 포함됩니다.

LIKE 연산자를 사용해 조건에 일치하는 레코드를 제외할 수도 있습니다. LIKE 앞에 **NOT 키워드**를 추가하면 쿼리의 의미가 반대로 바뀝니다.

```
SELECT
    InvoiceDate,
    BillingAddress,
    BillingCity,
    Total
FROM
    invoices
WHERE
    BillingCity NOT LIKE '%T%'
ORDER BY
    Total
```

	InvoiceDate	BillingAddress	BillingCity	Total
1	2009-03-22 00:00:00	110 Raeburn Pl	Edinburgh	0.99
2	2009-04-22 00:00:00	5112 48 Street	Yellowknife	0.99
3	2009-05-23 00:00:00	Praça Pio X, 119	Rio de Janeiro	0.99
4	2009-06-23 00:00:00	C/ San Bernardo 85	Madrid	0.99
5	2009-08-24 00:00:00	Grétrystraat 63	Brussels	0.99
6	2009-09-24 00:00:00	3 Chatham Street	Dublin	0.99
7	2009-10-25 00:00:00	319 N. Frances Street	Madison	0.99
8	2009-11-25 00:00:00	Ullevålsveien 14	Oslo	0.99
9	2009-12-26 00:00:00	9, Place Louis Barthou	Bordeaux	0.99
10	2010-01-26 00:00:00	801 W 4th Street	Reno	0.99
...	286 rows returned in 4ms			

그림 5.13

그림 5.14와 같이 와일드카드 연산자를 유용하게 사용하는 방법은 많습니다.

와일드카드 사용법 (T는 찾고자 하는 문자열의 전체 또는 일부입니다)	결과 (다시 말하지만, 대소문자를 구별하지 않습니다)
'T%'	T로 시작하는 레코드를 모두 찾습니다
'%T'	T로 끝나는 레코드를 모두 찾습니다.
'%T%'	T를 포함하는 레코드를 모두 찾습니다.
'T%T'	T로 시작하고 T로 끝나는 레코드를 모두 찾습니다.

그림 5.14

와일드카드를 사용할 때는 % 기호를 '아무거나'라고 생각하면 됩니다. 예를 들어, %T%는 'T가 들어 있기만 하면 위치에 관계없이 모두 찾겠다'는 뜻입니다.

날짜로 레코드 필터링

숫자와 텍스트에서 배운 내용을 바탕으로 특정 날짜의 송장도 검색할 수 있습니다. 다음 예제를 보십시오.

```sql
SELECT
    InvoiceDate,
    BillingAddress,
    BillingCity,
    Total
FROM
    invoices
WHERE
    InvoiceDate = '2009-01-03 00:00:00'
ORDER BY
    Total
```

	InvoiceDate	BillingAddress	BillingCity	Total
1	2009-01-03 00:00:00	Grétrystraat 63	Brussels	5.94
	1 rows returned in 1ms			

그림 5.15

날짜를 표기한 부분을 보십시오. 날짜 관련 쿼리를 작성할 때는 테이블에 날짜가 어떻게 저장되어 있는지 파악하는 게 우선입니다. 1장에서 배운 것처럼 데이터 보기 탭의 드롭다운에서 invoices 테이블을 선택하고, InvoiceDate 필드가 어떤 형식인지 살펴보십시오. 이 테이블은 날짜를 yyyy-mm-dd 00:00:00 형식으로 저장했습니다. 이번에는 데이터베이스 구조 탭으로 이동해 invoices 테이블의 InvoiceDate 필드를 보십시오. Type 필드를 보면 이 필드가 날짜를 DATETIME이라는 데이터 타입으로 저장한 걸 확인할 수 있습니다.

WHERE 절에서 사용할 때는 텍스트와 마찬가지로 작은따옴표로 묶어야 합니다. 날짜를 쿼리할 때는 숫자와 마찬가지로 =, >, <, BETWEEN 같은 연산자를 쓸 수 있습니다.

- 2009년 1월 1일부터 2009년 12월 31일 사이의 송장을 모두 가져오십시오.
- 2009년 7월 5일 이후 발생한 송장 중 총액이 가장 높은 10건을 찾으십시오.

DATE() 함수

SQL에는 날짜를 사용할 때 작업을 돕는 함수가 여러 가지 존재합니다. invoices 테이블의 InvoiceDate 필드가 DATETIME 데이터 타입으로 저장된 걸 확인했습니다. 따라서 WHERE 절에 날짜를 지정할 때 시간 부분(00:00:00)을 함께 써야 했습니다. **DATE() 함수**를 사용하면 날짜를 지정할 때 시간 부분을 생략할 수 있습니다.

```
SELECT
    InvoiceDate,
    BillingAddress,
    BillingCity,
    Total
FROM
    invoices
WHERE
    DATE(InvoiceDate) = '2009-01-03'
ORDER BY
    Total
```

	InvoiceDate	BillingAddress	BillingCity	Total
1	2009-01-03 00:00:00	Grétrystraat 63	Brussels	5.94
	1 rows returned in 2ms			

그림 5.16

이 쿼리의 결과는 앞의 쿼리 결과와 동일합니다. 하지만 시간 부분이 비어 있거나 불필요한 경우 DATE() 함수를 사용하면 쿼리가 더 간결해집니다.

> SQL은 다양한 함수를 지원합니다. DATE() 함수는 WHERE 절을 사용해 레코드를 정렬할 때 특히 유용합니다. 7장에서 쿼리에 함수를 사용하는 방법을 더 자세히 알아봅니다.

두 가지 필드에 AND와 OR 연산자 사용

지금까지는 연산자를 필드 하나에만 적용했습니다. AND와 OR 연산자를 사용해 여러 개의 필드를 조건에 넣을 수 있습니다. 다음 쿼리는 DATE() 함수와 AND를 조합해서 2010년 1월 2일 이후 발생했으며 총액이 3.00달러 미만인 송장을 모두 찾습니다. 이 쿼리의 결과는 반드시 DATE(InvoiceDate) > '2010-01-02' AND Total < 3의 두 조건을 모두 만족해야 합니다.

```
SELECT
    InvoiceDate,
    BillingAddress,
    BillingCity,
    Total
FROM
    invoices
WHERE
    DATE(InvoiceDate) > '2010-01-02' AND Total < 3
ORDER BY
    Total
```

	InvoiceDate	BillingAddress	BillingCity	Total
1	2010-01-26 00:00:00	801 W 4th Street	Reno	0.99
2	2010-03-29 00:00:00	Barbarossastraße 19	Berlin	0.99
3	2010-04-29 00:00:00	1 Microsoft Way	Redmond	0.99
4	2010-05-30 00:00:00	421 Bourke Street	Sidney	0.99
5	2010-06-30 00:00:00	Rua da Assunção 53	Lisbon	0.99
6	2010-07-31 00:00:00	Qe 7 Bloco G	Brasília	0.99
7	2010-08-31 00:00:00	Celsiusg. 9	Stockholm	0.99
8	2010-10-01 00:00:00	230 Elgin Street	Ottawa	0.99
9	2010-11-01 00:00:00	Sønder Boulevard 51	Copenhage	0.99
10	2010-12-02 00:00:00	Via Degli Scipioni, 43	Rome	0.99
...	136 rows returned in 3ms			

그림 5.17

그림 5.17의 송장은 모두 2010년 1월 2일 이후 발행됐으며 총액은 3.00달러 미만입니다.

AND 연산자는 제한 없이 조건을 추가할 수 있습니다.

• 청구지 주소가 P로 시작하고 총액이 2.00달러를 초과하는 송장을 모두 찾으십시오.

OR 연산자

OR 연산자는 제시하는 기준 중 **하나라도** 만족하는 레코드를 모두 찾습니다. 예를 들어, 다음 쿼리는 청구지 주소가 P **또는** D로 시작하는 송장을 모두 찾습니다.

```
SELECT
    InvoiceDate,
    BillingAddress,
    BillingCity,
    Total
FROM
    invoices
WHERE
    BillingCity LIKE 'p%' OR BillingCity LIKE 'd%'
ORDER BY
    Total
```

	InvoiceDate	BillingAddress	BillingCity	Total
1	2009-09-24 00:00:00	3 Chatham Street	Dublin	0.99
2	2011-02-02 00:00:00	Klanova 9/506	Prague	0.99
3	2011-03-05 00:00:00	68, Rue Jouvence	Dijon	0.99
4	2011-09-07 00:00:00	Rua dos Campeões Europeus de Viena, 4350	Porto	0.99
5	2012-04-11 00:00:00	Rilská 3174/6	Prague	0.99
6	2012-08-13 00:00:00	8, Rue Hanovre	Paris	0.99
7	2009-02-01 00:00:00	8, Rue Hanovre	Paris	1.98
8	2009-12-08 00:00:00	Klanova 9/506	Prague	1.98
9	2010-01-08 00:00:00	68, Rue Jouvence	Dijon	1.98
10	2010-04-11 00:00:00	4, Rue Milton	Paris	1.98
...	56 rows returned in 4ms			

그림 5.18

괄호를 사용해 연산자 순서 지정

논리 연산자를 여러 개 포함하여 WHERE 절이 길어지면 SQL은 기본적인 산술연산과 같은 방법으로 연산자 순서를 결정합니다. 연산 순서를 결정하는 단순한 방법이 있지만, 일단은 AND 연산자와 OR 연산자를 모두 포함하고 있는 쿼리부터 하나 살펴봅시다. 총액이 1.98달러를 초과하고 청구지 주소가 P나 D로 시작하는 송장을 모두 찾고 싶다면 다음과 같이 작성할 수 있습니다.

```
SELECT
    InvoiceDate,
    BillingAddress,
    BillingCity,
    Total
FROM
    invoices
WHERE
    Total > 1.98 AND BillingCity LIKE 'p%' OR
    BillingCity LIKE 'd%'
ORDER BY
    Total
```

	InvoiceDate	BillingAddress	BillingCity	Total
1	2009-09-24 00:00:00	3 Chatham Street	Dublin	0.99
2	2011-03-05 00:00:00	68, Rue Jouvence	Dijon	0.99
3	2010-01-08 00:00:00	68, Rue Jouvence	Dijon	1.98
4	2010-06-12 00:00:00	12, Community Centre	Delhi	1.98
5	2011-03-18 00:00:00	3 Chatham Street	Dublin	1.98
6	2012-08-26 00:00:00	68, Rue Jouvence	Dijon	1.98
7	2012-10-27 00:00:00	12, Community Centre	Delhi	1.98
8	2013-08-02 00:00:00	3 Chatham Street	Dublin	1.98
9	2011-06-06 00:00:00	4, Rue Milton	Paris	1.99
10	2010-12-02 00:00:00	12, Community Centre	Delhi	1.99
...	43 rows returned in 2ms			

그림 5.19

하지만 이 쿼리에는 문제가 있습니다. 이 쿼리를 실행하면 SQL 브라우저는 AND 연산자의 양변을 먼저 처리해서 총액이 1.98달러를 초과하는 **동시에** 청구지 주소가 P로 시작하는 레코드를 찾고, 그다음에는 마치 AND가 존재하지 않았던 것처럼 OR 연산자의 오른쪽을 처리합니다. 달리 말해 먼저 Total > 1.98 AND BillingCity LIKE 'p%'를 만족하는 레코드를 모두 찾고, 다음으로 BillingCity LIKE 'd%'를 만족하는 레코드를 모두 찾은 다음에 두 결과를 합쳐 총액의 오름차순으로 정렬해 반환합니다.

이 쿼리를 실행해보면 총액이 1.98달러 이하인 레코드의 청구지 주소는 모두 D로 시작하는 걸 확인할 수 있습니다. 이는 SQL이 연산 순서를 결정할 때 AND 연산자를 먼저 처리한 다음에 OR를 처리하기 때문입니다. 그로 인해 원하는 결과와 다른 결과가 나와버린 것입니다. 골치 아픈 연산자 우선순위를 외우거나 찾아보지 않아도 원하는 결과를 얻는 쉬운 방법이 있습니다.

괄호가 없다면 SQL에서 AND 연산자와 OR 연산자의 관계는 곱셈과 덧셈의 관계와 같습니다. 괄호 없이 쓴 3 * 2 + 1의 결과는 7입니다. 반면 괄호를 사용한 3 * (2 + 1)의 결과는 9입니다.

다음 예제와 같이 괄호를 추가하면 SQL 브라우저는 괄호 안에 있는 BillingCity LIKE 'p%' OR BillingCity LIKE 'd%' 조건을 먼저 처리합니다. 그리고 그 조건을 만족한 레코드에 한해, Total > 1.98을 처리해 총액이 1.98달러를 초과하는 레코드를 찾습니다.

```
SELECT
    InvoiceDate,
    BillingAddress,
    BillingCity,
    Total
FROM
    invoices
WHERE
    (BillingCity LIKE 'p%' OR BillingCity LIKE 'd%')
    AND Total > 1.98
ORDER BY
    Total
```

	InvoiceDate	BillingAddress	BillingCity	Total
1	2011-06-06 00:00:00	4, Rue Milton	Paris	1.99
2	2013-12-22 00:00:00	12, Community Centre	Dehli	1.99
3	2011-06-19 00:00:00	8, Rue Hanovre	Paris	2.98
4	2010-03-12 00:00:00	Klanova 9/506	Prague	3.96
5	2010-04-12 00:00:00	68, Rue Jouvence	Dijon	3.96
6	2010-07-14 00:00:00	4, Rue Milton	Paris	3.96
7	2010-10-15 00:00:00	Rua dos Campeões Europeus de Viena, 4350	Porto	3.96
8	2011-05-20 00:00:00	Rilská 3174/6	Prague	3.96
9	2011-09-21 00:00:00	8, Rue Hanovre	Paris	3.96
10	2013-01-29 00:00:00	12, Community Centre	Delhi	3.96
...	35 rows returned in 1ms			

그림 5.20

쿼리를 이렇게 작성하면 처음 의도와 일치하는 결과를 얻을 수 있습니다.

SQL이 논리 연산자를 어떻게 처리하는지 알아두면 물론 좋지만, 여러 가지 연산자를 사용할 때는 항상 괄호를 써서 의도가 명확히 드러나게 하는 편이 좋습니다. 연습이 더 필요할 것 같다면 다음 '한 걸음 더'를 괄호를 넣은 버전과 넣지 않은 버전 두 가지로 연습해보십시오.

- 수정한 쿼리를 직접 실행해서 총액이 1.98달러 이하인 레코드가 섞이지 않았는지 확인해보십시오.
- 청구지 주소가 P나 D로 시작하면서 총액이 3.00달러를 초과하는 송장을 모두 찾아보십시오.

CASE 문

CASE 문을 사용하면 지정된 조건에 따라 임시 이름표를 만들 수 있습니다. 다음 시나리오를 보면서 CASE 문을 이해해봅시다.

▶ 가상 시나리오

sTunes 영업팀에 새 목표가 생겼습니다. 그것은 바로 온라인 상점에서 가능한 많은 고객이 7달러에서 15달러 상당의 음악을 구입하게 유도하는 것입니다. 이를 위해 고객을 Baseline Purchase(최소 매출), Low Purchase(목표 미만), Target Purchase(목표 충족), Top Performer(우량 고객) 네 가지 범주로 구분하기로 했습니다.

한 곡의 가격은 0.99달러 또는 1.99달러이므로 이 범위에 들어가는 송장은 Baseline Purchase로 간주합니다. 총액이 2.00달러 이상 6.99달러 이하인 송장은 Low Purchase로 간주합니다. 영업 목표가 7.00달러에서 15.00달러 사이이므로 이 안에 들어가는 송장은 Target Purchase로 간주합니다. 15.00달러를 초과하는 송장은 Top Performer로 간주합니다.

영업팀에서는 이 범주를 바탕으로 데이터베이스에서 정보를 수집하고자 합니다.

CASE 문을 사용해 invoices 테이블의 쿼리 결과에 PurchaseType이라는 필드를 추가할 수 있습니다. 이 필드는 기존 필드와 마찬가지 방법으로 표시됩니다.

▶ 쿼리에 CASE 문 추가

쿼리에 CASE 문을 추가하기 위해서는 먼저 invoices 테이블에서 데이터를 가져올 SELECT 문을 만들어야 합니다. 다음과 같은 쿼리로 시작합시다.

```
SELECT
    InvoiceDate,
    BillingAddress,
    BillingCity,
    Total
FROM
    invoices
ORDER BY
    BillingCity
```

이 쿼리는 영업 목표를 지역별로 볼 수 있도록 결과를 청구지 주소 기준으로 정렬했습니다.

새로 추가하는 CASE 문의 결과가 마지막에 표시될 수 있도록 CASE 문은 기존 필드 다음에 추가합니다. 먼저 CASE 키워드와 END 키워드를 추가합니다. 이 두 키워드 사이에 조건을 평가하는 기준을 작성합니다. 각 조건은 WHEN 키워드로 시작하고, 그 뒤에 WHERE 절과 유사한 논리 테스트를 작성합니다. 첫 번째 조건은 총액이 2.00달러 미만인 송장, 다시 말해 TOTAL < 2.00입니다. 논리 테스트 다음에는 THEN 키워드를 써서 조건을 만족할 경우 할 일을 지정합니다. 2.00달러 미만의 송

장은 시나리오에 맞게 Baseline Purchase로 표시합니다.

테스트할 조건이 더 있으면 원하는 만큼 반복할 수 있습니다. 따라서 영업팀의 요구에 맞게 나머지 작업도 마저 이어갑니다. ELSE 키워드는 항상 마지막에 씁니다. WHEN 다음의 논리 테스트를 아무 것도 통과하지 않은 경우 ELSE에 해당합니다.

ELSE 키워드는 필수는 아니지만 사용하는 게 좋은 습관입니다. 데이터에는 항상 조건에 맞지 않는 값(이상치)이 있기 마련입니다. ELSE가 이런 이상치를 잡아내므로 이를 어떻게 처리할지 판단할 수 있습니다. ELSE를 사용하지 않으면 이상치는 모두 NULL로 반환됩니다.

마지막으로 할 일은 이 가상 필드의 별칭을 정하는 것입니다. 별칭은 END 뒤에 씁니다. 별칭은 PurchaseType으로 정하겠습니다.

별칭을 만들 때 AS 키워드를 사용하므로 CASE 문은 END AS로 끝나고 그 뒤에 별칭이 오는 형태가 됩니다.

이를 종합한 쿼리는 다음과 같습니다.

```
SELECT
    InvoiceDate,
    BillingAddress,
    BillingCity,
    Total,
    CASE
        WHEN TOTAL < 2.00 THEN 'Baseline Purchase'
        WHEN TOTAL BETWEEN 2.00 AND 6.99 THEN 'Low Purchase'
        WHEN TOTAL BETWEEN 7.00 AND 15.00 THEN 'Target Purchase'
        ELSE 'Top Performers'
    END AS PurchaseType
FROM
    invoices
ORDER BY
    BillingCity
```

그림 5.21의 결과를 보면 PurchaseType이라는 가상의 필드에 우리가 지정한 판매 목표 이름이 보입니다. 모든 송장에 판매 목표 범위에 따른 범주가 표시된 걸 볼 수 있습니다.

	InvoiceDate	BillingAddress	BillingCity	Total	PurchaseType
1	2009-05-10 00:00:00	Lijnbaansgracht 120bg	Amsterdam	8.91	Target Purchase
2	2010-12-15 00:00:00	Lijnbaansgracht 120bg	Amsterdam	1.91	Baseline Purchase
3	2011-03-19 00:00:00	Lijnbaansgracht 120bg	Amsterdam	3.96	Low Purchase
4	2011-06-21 00:00:00	Lijnbaansgracht 120bg	Amsterdam	8.94	Target Purchase
5	2012-02-09 00:00:00	Lijnbaansgracht 120bg	Amsterdam	0.99	Baseline Purchase
6	2013-08-02 00:00:00	Lijnbaansgracht 120bg	Amsterdam	1.98	Baseline Purchase
7	2013-09-12 00:00:00	Lijnbaansgracht 120bg	Amsterdam	13.86	Target Purchase
8	2009-04-05 00:00:00	3,Raj Bhavan Road	Bangalore	3.96	Low Purchase
9	2009-07-08 00:00:00	3,Raj Bhavan Road	Bangalore	5.94	Low Purchase
10	2010-02-26 00:00:00	3,Raj Bhavan Road	Bangalore	1.99	Baseline Purchase
...	412 rows returned in 17ms				

그림 5.21

> **노트** ORDER BY 절은 CASE 문으로 만든 가상의 필드를 기준으로 정렬할 수도 있습니다. 즉, Baseline Purchase로 시작해 알파벳순으로 정렬해서 Top Performers로 끝납니다. 필자는 정렬 가능성을 고려해 범주 이름을 정했지만 어떤 이름이든 쓸 수 있습니다.

데이터를 새로운 범주로 나눴으므로 SELECT 문을 변형해 다양한 방법으로 고객 통계를 낼 수 있습니다.

예를 들어, 영업팀은 다음과 같은 정보를 수집해 마케팅에 활용할 수 있습니다.

- 우량 고객이 가장 많은 도시는 어디인가?
- 우량 고객은 주로 미국에 있나? 아니면 다른 나라에 있나?
- 최소 매출 고객은 주로 어느 도시에 있나?

첫 번째 질문을 자세히 봅시다. 기존 쿼리의 WHERE 절을 수정해 우량 고객만 검색하고 그 결과를 청구지 주소로 정렬할 수 있습니다.

```
SELECT
    InvoiceDate,
    BillingAddress,
    BillingCity,
    Total,
    CASE
```

```
            WHEN TOTAL < 2.00 THEN 'Baseline Purchase'
            WHEN TOTAL BETWEEN 2.00 AND 6.99 THEN 'Low Purchase'
            WHEN TOTAL BETWEEN 7.00 AND 15.00 THEN 'Target Purchase'
            ELSE 'Top Performers'
        END AS PurchaseType
FROM
    invoices
WHERE PurchaseType = 'Top Performers'
ORDER BY
    BillingCity
```

	InvoiceDate	BillingAddress	BillingCity	Total	PurchaseType
1	2010-02-18 00:00:00	Erzsébet krt. 58.	Budapest	21.86	Top Performers
2	2010-03-21 00:00:00	162 E Superior Street	Chicago	15.86	Top Performers
3	2012-10-06 00:00:00	68, Rue Jouvence	Dijon	16.86	Top Performers
4	2011-04-28 00:00:00	3 Chatham Street	Dublin	21.86	Top Performers
5	2012-08-05 00:00:00	2211 W Berry Street	Fort Worth	23.86	Top Performers
6	2011-05-29 00:00:00	319 N. Frances Street	Madison	18.86	Top Performers
7	2011-06-29 00:00:00	Ullevålsveien 14	Oslo	15.86	Top Performers
8	2012-09-05 00:00:00	Klanova 9/506	Prague	16.9	Top Performers
9	2013-11-13 00:00:00	Rilská 3174/6	Prague	25.9	Top Performers
10	2010-01-13 00:00:00	Calle Lira, 198	Santiago	17.9	Top Performers
...	11 rows returned in 6ms				

그림 5.22

그림 5.22의 결과를 보면 우량 고객은 주로 미국이 아닌 다른 나라에 산다는 걸 알 수 있습니다.

필드 조합 방법은 사실 무제한입니다. 예를 들어, 송장 날짜에 따라 데이터를 집계해 계절별 추이를 관찰할 수도 있습니다. CASE 문과 WHERE 절을 잘 조합하면 데이터를 영업팀에서 원하는 정보로 변환할 수 있습니다.

> 이 장의 예제에서는 CASE 문을 SELECT 절에 추가해 가상 필드를 추가하는 방식으로 사용했습니다. 실무에서는 CASE 문을 WHERE 절에 사용하는 경우도 있지만 그리 많지는 않습니다. 일단 지금은 CASE 문을 SELECT 절에서 정의하지만, 다른 절에서 참조할 수 있다는 걸 알아두십시오.

데이터 분석 체크포인트

1. CASE 문을 사용해 미국에서 일어난 매출을 '국내 매출Domestic Sales', 나머지를 '해외 매출Foreign Sales'로 표시하는 쿼리를 작성해보십시오. END AS 다음에 SalesType 별칭을 사용하십시오.

2. 레코드셋을 SalesType 필드 기준으로 정렬하십시오.

3. 국내 매출 중 15달러를 초과하는 송장은 몇 건입니까?

CHAPTER 05
요 약

▶ 연산자를 사용해 원하는 데이터만 표시되도록 필터링할 수 있습니다.

▶ WHERE 절에 연산자를 사용해 원하는 텍스트, 날짜, 숫자를 기준으로 검색할 수 있습니다.

▶ DATE() 함수를 사용하면 날짜를 지정할 때 시간 부분을 생략할 수 있습니다.

▶ AND, OR 같은 논리 연산자를 사용할 때는 괄호를 써서 이해하기 쉽게 만드십시오.

▶ CASE 문은 원하는 조건에 따라 가상의 필드를 만들고 레코드를 분류할 수 있습니다.

다중 테이블

개요
- 조인 소개
- 조인과 관계형 데이터베이스의 구조
- 조인과 별칭
- 내부 조인, 왼쪽 조인, 오른쪽 조인
- 두 개 이상의 테이블 조인
- 데이터 분석 체크포인트

지금까지는 쿼리를 작성할 때 테이블을 하나만 사용했습니다. 기본적인 쿼리 작성법을 배웠지만, 관계형 데이터베이스의 실제 힘을 사용해본 적은 없습니다. sTunes 데이터베이스에는 테이블이 13개 있습니다. 각 테이블에는 회사의 정보가 나뉘어 저장되어 있습니다. 경영진이 더 복잡한 질문을 한다면 이에 답하기 위해 여러 테이블의 데이터에 동시에 접근할 수 있어야 합니다. 이 장에서는 쿼리 하나로 두 개 이상의 테이블에서 데이터를 가져오는 조인에 대해 설명합니다.

조인이란?

조인join은 두 개 이상의 테이블을 묶어 데이터를 검색하는 방법입니다. 먼저 `invoices` 테이블을 사용하는 아주 간단한 예제를 살펴봅시다. 5장에서 `invoices` 테이블을 여러 번 사용했으니 지금쯤은 이 테이블의 필드에 익숙해졌을 것입니다. 그림 6.1와 같이 `invoices` 테이블에는 아홉 개의 필드가 있습니다. 각 송장에는 `InvoiceId`라는 식별 번호가 있고, 송장을 작성한 각 고객에게는

CustomerId라는 식별 번호가 있습니다. 또한, invoices 테이블에는 송장 날짜와 총액 데이터가 있습니다. 나머지 필드는 모두 송장 주소에 관한 필드입니다.

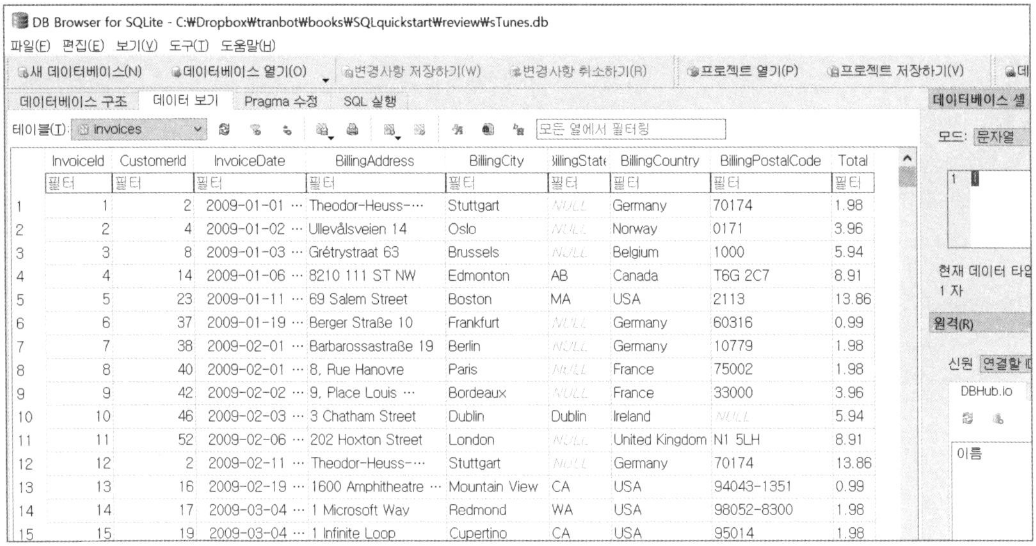

그림 6.1

영업팀에서는 고객 정보를 더 자세히 알고 싶어 합니다. 이를 위해 송장에 고객의 이름과 성을 추가해주길 원합니다. invoices 테이블 하나만 써서 이런 쿼리를 작성할 수 있을까요? 그동안 배운 내용으로는 쿼리 하나로 이런 결과를 만들 수 없습니다. invoices 테이블은 고객의 이름과 성을 포함하지 않기 때문입니다. 대신 invoices 테이블에는 CustomerId 필드가 있습니다. 송장에 고객의 이름과 성을 포함하기 위해서는 invoices와 customers 테이블을 나란히 놓고 비교할 수 있어야 합니다.

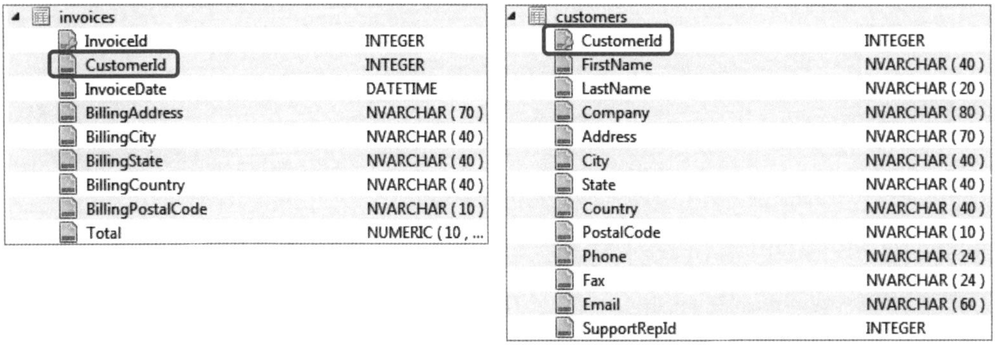

그림 6.2

그림 6.2와 같이 customers 테이블에는 영업팀이 원하는 정보인 고객의 이름과 성이 들어 있습니다. 또한 이 테이블에도 CustomerId 필드가 있습니다. 그림 6.2의 customers 테이블을 자세히 보면 CustomerId 필드에 조그만 열쇠 아이콘이 있는 걸 볼 수 있습니다. 1장에서 이 열쇠 아이콘이 테이블의 기본 키를 나타내는 기호라는 걸 배웠습니다

모든 테이블에는 기본 키 역할을 하는 필드가 최소 하나는 있어야 합니다. 테이블의 기본 키는 종종 다른 테이블에서 외래 키로 사용됩니다.

CustomerId는 customers 테이블의 기본 키인 동시에 invoices 테이블에도 존재하므로 이 필드를 통해 두 테이블을 연결할 수 있습니다. 이제 두 테이블을 조인하고 송장에 고객 이름을 추가할 준비가 됐습니다. 이 두 테이블을 연결하는 JOIN 절은 다음과 같습니다.

```
SELECT
    *
FROM
    invoices
INNER JOIN
    customers
ON
    invoices.CustomerId = customers.CustomerId
```

이 예제에는 INNER JOIN이라는 JOIN 절을 썼습니다. 이 장에서는 다른 조인 방법도 소개합니다. 각 조인 방법은 조금씩 다르게 작동합니다. 이런 차이점에 대해서는 나중에 설명하겠습니다. 지금은 일단 조인을 통해 서로 다른 테이블에 동시에 접근할 수 있다는 것만 알면 됩니다.

이 쿼리에는 이미 배운 내용이 많습니다. 지금까지의 쿼리와 마찬가지로 SELECT로 시작합니다. 3장에서 언급한 * 기호를 써서 테이블의 모든 필드를 가져옵니다. 이 쿼리는 invoices 테이블과 customers 테이블의 모든 필드를 가져올 것입니다. ON 키워드는 CustomerId 필드를 통해 두 테이블을 연결한다고 지정합니다. CustomerId 필드는 두 테이블에 모두 존재하므로 '어느 테이블'의 CustomerId 필드인지 확실히 지정할 수 있도록 tablename.FieldName 형태의 표기법을 사용합니다. 즉, invoices.CustomerId는 'invoices 테이블'의 CustomerId 필드이고, customers.CustomerId는 'customers 테이블'의 CustomerId 필드입니다. 이 두 필드의 값이 일치하도록 테이블을 연결해야 합니다. 이 쿼리를 실행한 결과는 그림 6.3과 같습니다.

 * 기호를 썼으므로 이 쿼리는 invoices 테이블의 9개 필드, customers 테이블의 13개 필드를 모두 가져옵니다. 지면의 한계상 일부 필드를 숨겼지만, DB 브라우저의 가로 스크롤바를 통해 22개의 필드를 모두 볼 수 있습니다.

송장 테이블
(9개의 필드 중 3개만 표시)

고객 테이블
(13개의 필드 중 4개만 표시)

	InvoiceId	CustomerId	...	Total	CustomerId	FirstName	LastName	...	SupportRepId
1	98	1	...	3.98	1	Luís	Gonçalves	...	3
2	121	1	...	3.96	1	Luís	Gonçalves	...	3
3	143	1	...	5.94	1	Luís	Gonçalves	...	3
4	195	1	...	.99	1	Luís	Gonçalves	...	3
5	316	1	...	1.98	1	Luís	Gonçalves	...	3
6	327	1	...	13.86	1	Luís	Gonçalves	...	3
7	382	1	...	8.91	1	Luís	Gonçalves	...	3
8	1	2	...	1.98	2	Leonie	Köhler	...	5
9	12	2	...	13.86	2	Leonie	Köhler	...	5
10	67	2	...	8.91	2	Leonie	Köhler	...	5
...	412 rows returned in 17ms				...				

그림 6.3

조인과 관계형 데이터베이스의 구조

invoices 테이블과 customers 테이블을 연결하면 몇 가지 알 수 있는 게 있습니다. 그림 6.3을 보면 처음 7개의 송장이 동일한 `CustomerId`와 연결되어 있습니다. 이는 고객 번호 1에 해당하는 고객이 송장 7개를 발주했다는 뜻입니다. 고객 테이블을 보면 이 고객의 이름이 루이스 곤살베스Luís Gonçalves임을 알 수 있습니다. 1명의 고객이 여러 개의 송장과 연결되어 있습니다. 관계형 데이터베이스식으로 표현하면 customers 테이블과 invoices 테이블 사이에 일대다 관계가 있다고 말합니다. 1명의 고객에게는 `CustomerId`가 1개 존재합니다. invoices 테이블 안에서는 고객과 식별 번호가 일대일로 대응합니다. 하지만 고객은 음악을 몇 개든 주문할 수 있으므로 송장과 일대다로 대응합니다. 엔티티 관계 다이어그램entity relationship diagram, ERD을 만들어 데이터베이스 스키마를 살펴봐도 이 관계를 알 수 있습니다.

그림 6.4에서 `customers` 테이블과 `invoices` 테이블의 관계를 볼 수 있습니다(오른쪽 위). 이외에도 다양한 테이블이 기본 키와 외래 키 관계를 맺고 있는 게 보입니다. 조인을 만들고 사용할 때 이런 관계를 이해하는 것이 중요합니다. 테이블 조인 시 기본 키와 외래 키 관계를 이해해야 어떤 필드를 기준으로 조인할지 선택할 수 있습니다.

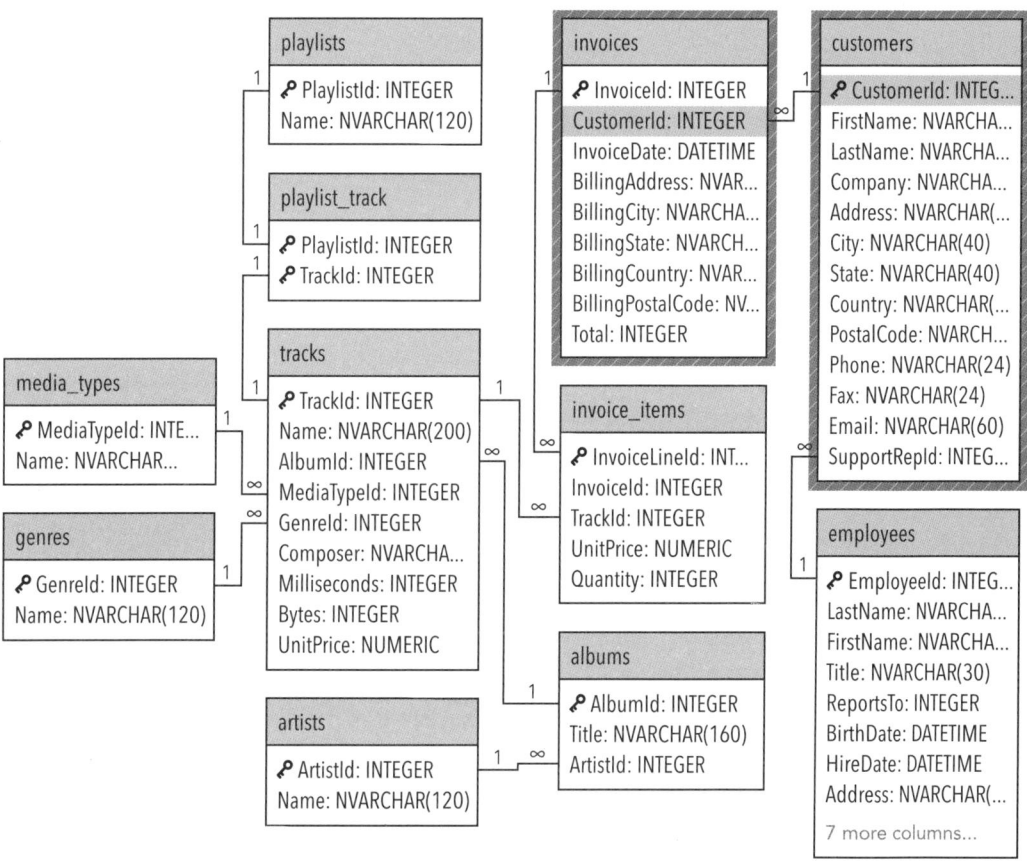

그림 6.4

`invoices` 테이블에 고객의 이름과 성이 포함되어 있었다면 조인은 필요하지 않았을 것입니다. 극단적으로 말해, 데이터베이스에 13개의 테이블을 만드는 대신 거대한 테이블 하나에 모든 필드를 욱여넣는 것도 가능합니다.

 데이터베이스를 여러 개의 테이블로 구성하는 이유는 무엇일까요?

관계형 데이터베이스에서 필드를 여러 테이블에 분산하는 걸 **정규화**normalization라고 합니다. 정규화를 거치면 테이블에 중복 필드가 존재할 가능성이 줄어들고, 이에 따라 데이터베이스의 크기가 작아집니다. 데이터베이스가 작으면 정규화의 필요성이 와닿지 않을 수도 있지만, 데이터베이스가 커지면 정규화가 꼭 필요합니다. 쿼리 처리 시간을 몇 초라도 절약할 수 있다면 그만한 가치가 충분합니다. 엄청난 규모의 데이터베이스에서는 0.01초가 아주 큰 차이로 나타납니다. 구글에 검색할 때마다 몇 초가 아니라 몇 분이 걸린다고 상상해보십시오.

`invoices` 테이블과 `customers` 테이블을 연결하는 필드를 찾았으니 조인을 사용하는 쿼리의 작성 방법을 더 알아봅시다.

조인과 별칭

앞 예제에서 조인할 필드를 `tableName.fieldName` 형식으로 작성해야 한다는 걸 배웠습니다. 두 테이블에 이름이 같은 필드가 존재할 수 있으므로, 조인을 사용할 때는 SQL 브라우저가 필드를 정확히 식별할 수 있도록 이런 표기법을 사용합니다. 조인을 사용할 때 별칭을 붙이면 타이핑이 줄어들 뿐 아니라 가독성도 한결 좋아집니다. 다음 두 쿼리는 똑같이 동작합니다.

```sql
SELECT
    *
FROM
    invoices
INNER JOIN
    customers
ON
    invoices.CustomerId = customers.CustomerId;
```

```sql
SELECT
    *
FROM
    invoices AS i
INNER JOIN
```

```
        customers AS c
ON
    i.CustomerId = c.CustomerId
```

조인의 별칭은 간결하고 읽기 쉽게 쓰는 게 관례입니다. 별칭은 보통 테이블의 첫 글자를 따서 tablename.FieldName을 t.FieldName으로 줄여 씁니다. 이 장의 나머지 예제에서는 테이블 이름을 한 글자 별칭으로 줄입니다.[1]

조인을 사용할 때는 별칭이 꼭 필요한 경우가 많습니다. 영업팀의 요청을 다시 생각해봅시다. 영업팀에서는 송장 리스트에 각 고객의 이름과 성을 함께 표시하길 원했습니다. 그리고 이에 따라 쿼리를 작성하면서, 두 테이블의 모든 필드를 가져오는 * 기호를 썼습니다. 이 쿼리는 22개의 필드를 가져오는데, 영업팀은 송장 정보와 고객 이름에만 관심이 있습니다. 그뿐 아니라 * 기호는 필드 순서를 정할 수 없다는 문제도 있습니다. 예를 들어, 영업팀에서 고객의 실명을 '이름 성'이 아니라 '성 이름' 형식으로 요청했다면, * 기호로는 이를 수용할 수 없으므로 SELECT 문에 필드 이름을 직접 작성해야 합니다. 따라서 이번에는 customers 테이블의 LastName과 FirstName, invoices 테이블의 InvoiceId, CustomerId, InvoiceDate, Total 필드를 직접 지정하는 쿼리를 만들어봅시다. 이미 언급했지만, 두 테이블에 이름이 같은 필드가 있으므로 ON 키워드를 쓸 때는 tablename.FieldName 형식으로 써야 합니다. 이번에는 테이블 이름 전체를 쓰지 않고 짧은 별칭을 사용하겠습니다. 또한 결과를 고객의 성 기준으로 정렬합니다. 최종 쿼리는 다음과 같습니다.

```
SELECT
    c.LastName,
    c.FirstName,
    i.InvoiceId,
    i.CustomerId,
    i.InvoiceDate,
    i.Total
FROM
    invoices AS i
INNER JOIN
```

1　[옮긴이] 사람에 따라, 경우에 따라 다르므로 일괄해서 말할 수는 없지만, 짧고 간결한 것이 항상 '이해하기 쉬운' 건 아닙니다. 책의 예제는 짧고 한눈에 들어오므로 i가 invoice임을 금방 확인할 수 있습니다. 하지만 쿼리가 상당히 길어지거나 여러 테이블을 조인하는 경우 이렇게 i, c 식으로 짧게 쓰면 오히려 이해가 더 어려워지는 경우도 있습니다. 그림 6.4의 playlists, playlist_track, tracks처럼 용도가 비슷하고 이름도 비슷한 테이블을 조인하는 경우 p, pt, t 같은 별칭은 오히려 혼란을 가중시킬 수도 있어서 좀 더 길게 별칭을 쓰는 게 나은 경우도 있습니다(100쪽 노트 참고).

```
        customers AS c
ON
    i.CustomerId = c.CustomerId
ORDER BY
    c.LastName
```

	LastName	FirstName	InvoiceId	CustomerId	InvoiceDate	Total
1	Almeida	Roberto	34	12	2009-05-23 00:00:00	0.99
2	Almeida	Roberto	155	12	2010-11-14 00:00:00	1.98
3	Almeida	Roberto	166	12	2010-12-25 00:00:00	13.86
4	Almeida	Roberto	221	12	2011-08-25 00:00:00	8.91
5	Almeida	Roberto	350	12	2013-03-31 00:00:00	1.98
6	Almeida	Roberto	373	12	2013-07-03 00:00:00	3.96
7	Almeida	Roberto	395	12	2013-10-05 00:00:00	5.94
8	Barnett	Julia	71	28	2009-11-07 00:00:00	1.98
9	Barnett	Julia	82	28	2009-12-18 00:00:00	13.86
10	Barnett	Julia	137	28	2010-08-18 00:00:00	8.91
…	412 rows returned in 14ms					

그림 6.5

FROM과 INNER JOIN 절에서 테이블을 참조하는 별칭을 정의하기도 전에 SELECT 문에서 먼저 사용했지만, SQL 브라우저가 이 쿼리를 한 줄 단위로 해석하는 게 아니므로 문제가 되지는 않습니다.

결과를 보면 필드를 원하는 순서대로 직접 지정하는 게 훨씬 보기 좋습니다. 또한 모든 필드 이름에 테이블 이름 전체를 붙여야 한다면 조인 문이 훨씬 더 복잡해졌을 것입니다.

대부분의 경우 SELECT 문에 * 기호를 쓰기보다는 필드 이름을 직접 지정하는 게 좋습니다. 하지만 이 장의 목적은 JOIN 절의 이해이므로 더 간결하게 표시하기 위해 * 기호를 사용하겠습니다.

조인 타입

이 장 초반에 언급했듯 조인에는 여러 가지 타입이 있습니다. 조인의 목적은 여러 테이블의 필드에 동시에 접근하는 것입니다. customers 테이블의 기본 키가 invoices 테이블에서는 외래 키로 사용되는 걸 확인하고, 모든 데이터가 대응하길 바라면서 ON 키워드를 써서 두 테이블을 연결했습니다.

테이블의 데이터가 완전히 일치하지 않을 때는 어떻게 할까요?

예를 들어, 고객 6이 sTunes 회원에서 탈퇴함에 따라 customers 테이블에서 삭제됐다고 합시다. 하지만 회사에서는 거래 내역을 보관해야 하므로 탈퇴했더라도 고객 6이 구매한 내역은 invoices 테이블에 존재해야 합니다. 데이터베이스에서 이런 불일치(엇갈림)가 발생하는 건 흔한 일입니다. 이렇게 엇갈리는 데이터를 쿼리에 포함시킬지 제외할지는 그때그때 다릅니다. 다양한 조인 타입이 존재하는 건 이런 불일치에 대응하기 위해서입니다. invoices와 customers 테이블을 단순화해서 살펴보면 이 개념을 이해하기 쉬울 것입니다.

조인을 설명할 때 사용할 테이블은 sTunes 데이터베이스의 실제 테이블과는 조금 다릅니다. invoices와 customers 테이블의 기본 구조는 유지하지만, 레코드 5개씩만 남겼고, 일부 필드를 삭제하고 데이터는 간소화했으며 의도적으로 엇갈리는 데이터를 만들었습니다.

단순화한 송장 테이블

InvoiceId	CustomerId	InvoiceDate	BillingAddress	Total
1	2	1/1/2018	Billing Address 2	$1.00
2	2	2/1/2018	Billing Address 2	$2.00
3	3	3/1/2018	Billing Address 3	$3.00
4	4	4/1/2018	Billing Address 4	$4.00
5	6	5/1/2017	Billing Address 6	$5.00

단순화한 고객 테이블

CustomerId	Name	Address
1	Customer 1	Address 1
2	Customer 2	Address 2
3	Customer 3	Address 3
4	Customer 4	Address 4
5	Customer 5	Address 6

그림 6.6

단순화한 테이블을 보면 몇 가지 엇갈림이 보입니다. 먼저, invoices 테이블에는 고객 ID가 6인 누군가가 2017년 5월 1일에 구매한 내역이 존재하지만 customers 테이블에는 그런 고객이 없습니다. 또한 고객 1과 고객 5는 invoices 테이블에 해당 내역이 존재하지 않는 것으로 보아 한 번도 구입한 적이 없는 것 같습니다. 고객 2는 두 번 표시되므로 이 고객은 두 번 구입했다고 볼 수 있습니다. 고객 1과 고객 5의 레코드는 customers 테이블에 존재하지만 invoices 테이블에는 존재하지 않고, 고객 6은 invoices 테이블에만 존재하므로 두 테이블에는 상대 테이블에 존재하지 않는 레코드가 최소 하나씩은 있습니다. 이제 이 두 테이블을 조인하고 조인 타입에 따라 결과가 어떻게 달라지는지 살펴보겠습니다. 먼저, 익숙한 내부 조인부터 시작합시다.

▶ 내부 조인

내부 조인inner join은 일치하는 레코드만 반환합니다. 일치하지 않는 데이터는 모두 무시합니다. 조인은 그림 6.7과 같이 벤 다이어그램으로 표시하면 이해하기 쉽습니다. 내부 조인은 벤 다이어그램에서 겹치는 부분만 반환합니다.

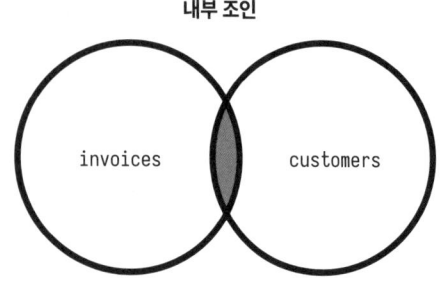

그림 6.7

이 예제에서 내부 조인은 invoices 테이블의 5번 송장을 무시했습니다. 이 송장은 customers 테이블에 존재하지 않는 고객 6을 참조하기 때문입니다. 마찬가지로, customers 테이블의 고객 1과 고객 5는 송장을 작성하지 않았으므로 이 레코드도 무시합니다. 벤 다이어그램에서 볼 수 있듯 겹치는 데이터만 포함됩니다. 그림 6.8은 데이터가 엇갈리는 두 테이블을 내부 조인으로 연결하는 방법을 묘사합니다.

그림 6.8

> 이미 언급했듯 CustomerId 필드는 invoices 테이블과 일대다 관계를 맺습니다. 비록 왼쪽에 4개, 오른쪽에 3개가 표시되어 엇갈리는 것처럼 보이지만, 레코드셋은 4개의 레코드를 포함합니다. 고객 2가 송장을 2개 작성했기 때문입니다.

이 쿼리는 첫 번째 예제의 쿼리와 비슷합니다. SELECT 절에는 별칭에 유의하면서 필요한 필드를 나열했습니다.[2]

```
SELECT
    i.InvoiceId,
    c.CustomerId,
    c.Name,
    c.Address,
    i.InvoiceDate,
    i.BillingAddress,
    i.Total
FROM
    invoices AS i
INNER JOIN
    customers AS c
ON
    i.CustomerId = c.CustomerId
```

---

2 (옮긴이) 그림 6.9를 보면 고객 이름이 Luis, Leonie 같은 실제 이름이 아니라, Customer1, Customer2 같은 임의의 이름입니다. sTunes 데이터베이스에 쿼리를 실행한 게 아니라 이론적으로 이런 데이터가 나온다는 예제를 보여주는 것입니다. 저자의 의도를 정확히 알 수는 없지만, SQLite가 RIGHT JOIN을 지원하지 않기 때문에 RIGHT JOIN과 LEFT JOIN을 비교해 보여주기 위해 이런 방법을 택한 것 같습니다. 이어지는 예제(96쪽까지)는 그림 6.8의 '단순화한 송장 테이블'과 '단순화한 고객 테이블' 사이에서 쿼리를 작성한 결과라고 이해하기 바랍니다.

내부 조인은 두 테이블에서 일치하는 데이터만 반환하므로 JOIN 절의 순서에 따라 결과가 달라지지는 않습니다. 하지만 다른 조인에서는 테이블 순서에 따라 결과가 달라집니다.

	InvoiceId	CustomerId	Name	Address	InvoiceDate	BillingAddress	Total
1	1	2	Customer 2	Address 2	1/1/2018	Billing Address 2	$1.00
2	2	2	Customer 2	Address 2	2/1/2018	Billing Address 2	$2.00
3	3	3	Customer 3	Address 3	3/1/2018	Billing Address 3	$3.00
4	4	4	Customer 4	Address 4	4/1/2018	Billing Address 4	$4.00
	4 rows returned in 1ms						

그림 6.9

쿼리를 실행하면 그림 6.9와 같이 4개의 레코드를 반환합니다. 송장 5, 고객 1, 고객 5는 생략됩니다. 고객 2에 대응하는 송장은 2개입니다.

내부 조인은 가장 일반적인 조인 타입입니다. 내부 조인의 주요 용도는 여러 테이블에 동시에 존재하는 데이터를 한꺼번에 가져오는 것입니다.

내부 조인에서 키워드 INNER는 옵션입니다. 따로 명시되지 않았으면 조인은 항상 내부 조인으로 간주합니다.

▶ 왼쪽 조인

왼쪽 조인(왼쪽 외부 조인)은 '왼쪽' 테이블의 레코드를 모두 반환하고, 오른쪽 테이블에 이와 대응하는 레코드가 있으면 레코드셋에 이를 병합합니다. 그림 6.10을 보십시오.

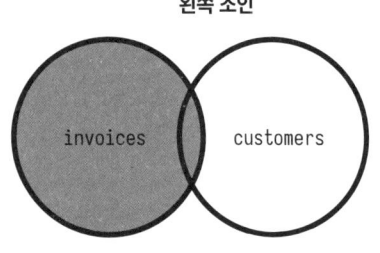

```
SELECT *
FROM invoices AS i
LEFT OUTER JOIN customers AS c
ON i.CustomerId = c.CustomerId
```

그림 6.10

 '왼쪽'과 '오른쪽'은 JOIN 문에 테이블을 쓰는 순서에 따라 달라집니다. JOIN 문의 순서를 바꾸면 레코드셋도 달라집니다. 이 장 후반에서 왼쪽 조인을 오른쪽 조인으로 바꿀 때 그 차이를 다시 설명할 예정입니다.

왼쪽 조인을 사용하면 invoices 테이블의 레코드는 빠짐 없이 반환됩니다. 고객 1과 고객 5는 invoices 테이블에 존재하지 않으므로 이와 관계된 레코드는 반환되지 않습니다. 내부 조인과 달리 왼쪽 조인은 '왼쪽' 테이블의 레코드를 모두 반환합니다. 그림 6.11을 보십시오.

그림 6.11

쿼리는 내부 조인과 거의 비슷합니다. INNER JOIN을 LEFT OUTER JOIN으로 교체했을 뿐입니다.

```
SELECT
    i.InvoiceId,
    c.CustomerId,
    c.Name,
    c.Address,
    i.InvoiceDate,
    i.BillingAddress,
    i.Total
FROM
    invoices AS i
LEFT OUTER JOIN
    customers AS c
ON
    i.CustomerId = c.CustomerId
```

	InvoiceId	CustomerId	Name	Address	InvoiceDate	BillingAddress	Total
1	1	2	Customer 2	Address 2	1/1/2018	Billing Address 2	$1.00
2	2	2	Customer 2	Address 2	2/1/2018	Billing Address 2	$2.00
3	3	3	Customer 3	Address 3	3/1/2018	Billing Address 3	$3.00
4	4	4	Customer 4	Address 4	4/1/2018	Billing Address 4	$4.00
5	5	NULL	NULL	NULL	5/1/2017	Billing Address 6	$5.00
	5 rows returned in 1ms						

그림 6.12

왼쪽 조인에서 OUTER는 생략해도 무방합니다.

그림 6.12에는 널값이 포함되어 있습니다. customers 테이블에 고객 6에 대한 정보가 없기 때문입니다. SQL 브라우저는 이렇게 존재하지 않는 값을 NULL로 표시합니다. 왼쪽 조인은 데이터의 엇갈림을 확인할 수 있다는 장점도 있습니다.[3]

▶ 오른쪽 조인

SQLite는 오른쪽 조인을 지원하지 않지만 다른 RDBMS에서 대부분 지원하므로 여기에서 설명합니다. 왼쪽 조인에서 잠시 언급했듯 오른쪽 조인을 왼쪽 조인으로 바꾸는 방법도 함께 알아보겠습니다.

오른쪽 조인은 오른쪽 테이블의 레코드 전체를 반환하고, 왼쪽 테이블에 이와 일치하는 레코드가 있으면 병합해서 반환합니다. 오른쪽 조인은 사실 왼쪽 조인을 반대로 뒤집은 것뿐이며 동작 방식도 거의 비슷합니다.

3　[옮긴이] 이 쿼리의 SELECT 절의 c.CustomerId는 i.CustomerId로 바꾸는 편이 좀 더 좋습니다. 고객 6이 customers 테이블에 존재하지 않는다는 걸 추가로 알 수 있기 때문입니다. 지금 상태로는 마치 invoices 테이블에 CustomerId가 없는 레코드가 존재하는 것처럼 보입니다.

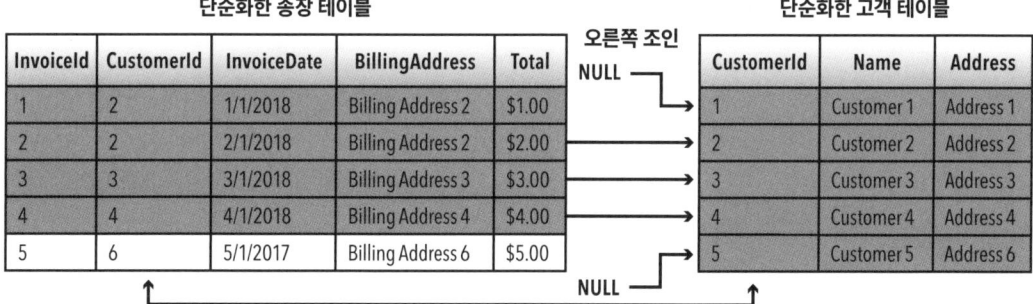

그림 6.13

왼쪽 조인과 비슷하게, 오른쪽 조인은 오른쪽(customers) 테이블의 필드 전체를 반환하고, 왼쪽 (invoices) 테이블에 일치하는 데이터가 있으면 이를 합쳐서 반환합니다. customers 테이블에는 고객 6이 존재하지 않으므로 이 레코드는 반환할 수 없습니다.

단순화한 송장 테이블

InvoiceId	CustomerId	InvoiceDate	BillingAddress	Total
1	2	1/1/2018	Billing Address 2	$1.00
2	2	2/1/2018	Billing Address 2	$2.00
3	3	3/1/2018	Billing Address 3	$3.00
4	4	4/1/2018	Billing Address 4	$4.00
5	6	5/1/2017	Billing Address 6	$5.00

단순화한 고객 테이블

CustomerId	Name	Address
1	Customer 1	Address 1
2	Customer 2	Address 2
3	Customer 3	Address 3
4	Customer 4	Address 4
5	Customer 5	Address 6

그림 6.14

물론, 오른쪽 조인 쿼리도 왼쪽 조인 쿼리와 거의 비슷합니다.

 마찬가지로, OUTER 키워드는 생략해도 무방합니다.

```
SELECT
    i.InvoiceId,
    c.CustomerId,
    c.Name,
    c.Address,
    i.InvoiceDate,
    i.BillingAddress,
    i.Total
FROM
```

```
    invoices AS i
RIGHT OUTER JOIN
    customers AS c
ON
    i.CustomerId = c.CustomerId
```

	InvoiceId	CustomerId	Name	Address	InvoiceDate	BillingAddress	Total
1	NULL	1	Customer 1	Address 1	NULL	NULL	NULL
2	1	2	Customer 2	Address 2	1/1/2018	Billing Address 2	$1.00
3	2	2	Customer 2	Address 2	2/1/2018	Billing Address 2	$2.00
4	3	3	Customer 3	Address 3	3/1/2018	Billing Address 3	$3.00
5	4	4	Customer 4	Address 4	4/1/2017	Billing Address 4	$4.00
6	NULL	5	Customer 5	Address 5	NULL	NULL	NULL
	6 rows returned in 2ms						

그림 6.15

이 쿼리는 지금까지 예로 든 세 가지 쿼리 중 가장 많은 레코드를 반환합니다. invoices 테이블에는 고객 1과 고객 5에 대한 데이터가 없으므로 널값이 반환됩니다. invoices 테이블에는 고객 2가 작성한 송장이 2개 있으므로 관련 데이터도 2개 표시됩니다.

오른쪽 조인은 왼쪽 조인보다 사용 빈도가 낮습니다. SQLite는 오른쪽 조인을 지원하지 않으므로 오른쪽 조인이 필요할 경우에는 쿼리에서 테이블 순서를 반대로 바꾸면 됩니다. 이 장 후반에서 다시 설명하겠습니다.

3개 이상의 테이블을 사용하는 내부 조인

조인에 사용하는 테이블 숫자에는 제한이 없습니다. 조인에 테이블을 추가하는 건 어렵지 않습니다. 이미 설명한 내부 조인의 패턴을 반복하기만 하면 됩니다. 그림 6.16을 보십시오. customers 테이블은 invoices뿐만 아니라 SupportRepId 필드를 통해 employees 테이블과도 관계를 맺고 있습니다.

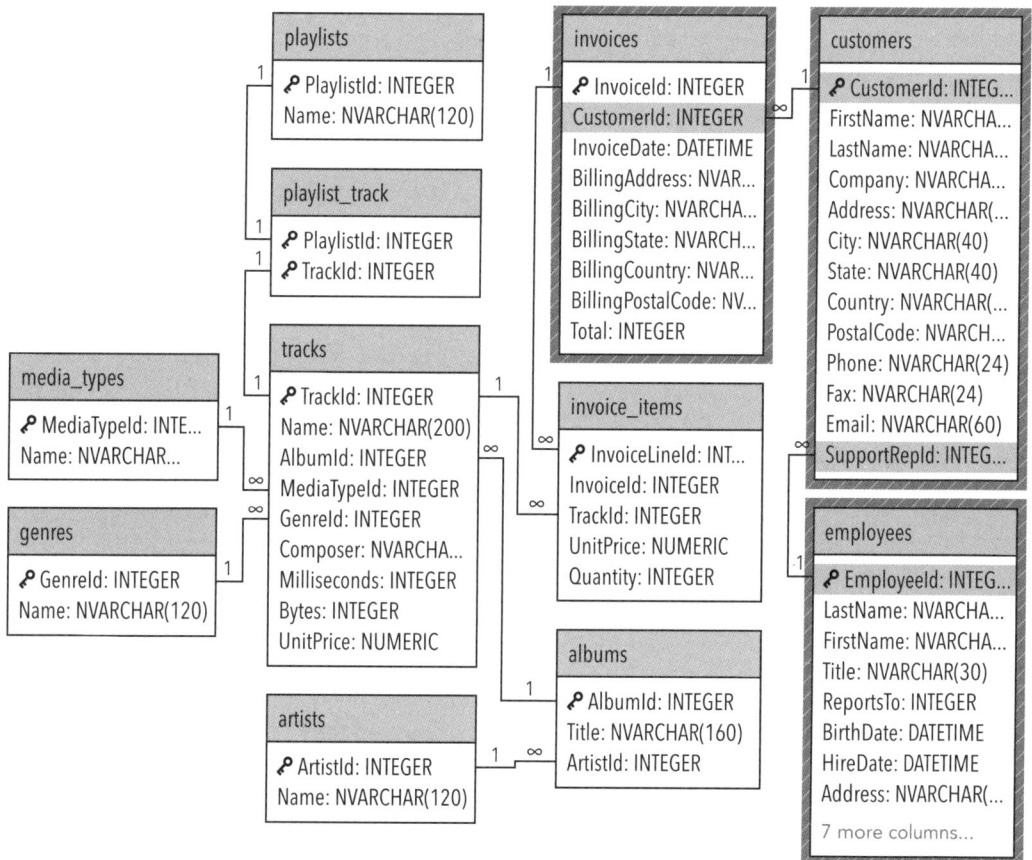

그림 6.16

지금까지는 이름이 같은 필드를 기준으로 조인했습니다. 하지만 이번에는 서로 다른 필드를 기준으로 조인합니다. 관계형 데이터베이스에서 연결된 테이블의 필드가 꼭 같은 이름일 필요는 없습니다. 두 필드의 이름이 다른 건 그럴 만한 이유가 있기 때문입니다.

sTunes는 각 고객에게 지원 책임자support representative(`SupportRepId`)를 배정합니다. 고객의 지원 책임자 번호는 `employees` 테이블의 사원 번호와 일치합니다. 데이터베이스를 만들 때 두 필드를 모두 `EmployeeId`로 정할 수도 있었겠지만, 이럴 경우 혼란을 초래할 수 있습니다. 고객에게 지원 책임자가 배정되는 건 타당한 일이고, 그 식별 번호에 `SupportRepId`라는 이름을 붙이는 것도 타당하며, 이 번호가 `EmployeeId`와 일치하는 것도 타당합니다.

하지만 '고객' 테이블에 `EmployeeId`라는 필드가 들어가는 건 타당하지 않고, 나중에 데이터베이스를 검토하는 사람이 혼란스러울 수 있습니다. 데이터는 같지만 이름을 다르게 붙이면 각 테이블에서 이 데이터가 어떤 의미가 있는지 명확해집니다. customers 테이블에서 SupportRepId라는 필드 이름을 보면 필드의 목적을 금세 파악할 수 있습니다.

invoices, customers, employees 테이블을 연결하는 방법을 이해했으니 이제 이유에 대해 생각해봅시다. sTunes의 고객 서비스 부서에서는 개인 매출 상위 10명의 지원 책임자에게 상품을 지급하려 합니다. 상품은 해당 직원이 담당하는 고객 리스트가 인쇄된 트로피입니다. 시나리오가 정해지면 엔티티 관계 다이어그램(ERD)를 보고 쿼리에 어떤 필드가 필요한지 결정할 수 있습니다. 여러 테이블에서 데이터를 가져오는 복잡한 쿼리를 작성할 때는 그림 6.17과 같이 어떤 필드가 필요하며 어떤 테이블에 그 필드가 있는지 먼저 파악하면 도움이 됩니다.

필요한 필드	별칭 표기
직원의 이름, 성, ID(모두 employees 테이블)	e.FirstName, e.LastName, e.EmployeeID
고객의 이름, 성, 지원 책임자 ID(모두 customers 테이블)	c.FirstName, C.LastName, c.SupportRepID
고객 ID, 총액(모두 invoices 테이블)	i.CustomerID, i.Total
이 쿼리는 총액 기준으로 정렬하며 상위 10건으로 제한합니다	i.Total DESC, LIMIT 10

그림 6.17

필요한 필드를 파악했으니 쿼리를 만듭시다. FROM 절의 송장에서 출발합니다. 그리고 송장과 고객을 연결하는 절, 송장과 고객 모두를 직원에 연결하는 절을 작성합니다. 데이터는 송장 총액을 기준으로 내림차순으로 정렬해 최고 매출이 맨 위에 오도록 합니다.

```
SELECT
    e.FirstName,
    e.LastName,
    e.EmployeeId,
    c.FirstName,
    c.LastName,
    c.SupportRepId,
    i.CustomerId,
    i.Total
FROM
    invoices AS i
INNER JOIN
    customers AS c
ON
    i.CustomerId = c.CustomerId
```

```
INNER JOIN
    employees AS e
ON
    c.SupportRepId = e.EmployeeId
ORDER BY
    i.Total DESC
LIMIT 10
```

	FirstName	LastName	EmployeeId	FirstName	LastName	SupportRepId	CustomerId	Total
1	Steve	Johnson	5	Helena	Holý	5	6	$25.86
2	Margaret	Park	4	Richard	Cunningham	4	26	$23.86
3	Jane	Peacock	3	Ladislav	Kovács	3	45	$21.86
4	Jane	Peacock	3	Hugh	O'Reilly	3	46	$21.86
5	Steve	Johnson	5	Astrid	Gruber	5	7	$18.86
6	Steve	Johnson	5	Victor	Stevens	5	25	$18.86
7	Steve	Johnson	5	Luís	Rojas	5	57	$17.91
8	Margaret	Park	4	František	Wichterlová	4	5	$16.86
9	Jane	Peacock	3	Isabelle	Mercier	3	43	$16.86
10	Margaret	Park	4	Bjørn	Hansen	4	4	$15.86
	10 rows returned in 5ms							

그림 6.18

이제 원하던 대로 구매 총액이 가장 높은 고객의 지원 책임자 리스트를 만들었습니다. 예상했던 것처럼, customers 테이블과 employees 테이블에서 서로 다른 필드를 사용해 조인했어도 데이터는 완벽하게 서로 대응합니다. SupportRepId에 저장된 숫자와 EmployeeId 필드에 저장된 숫자가 서로 일치하기 때문입니다.

엔티티 관계 다이어그램을 살펴보고 내부 조인으로 이 쿼리에 추가할 테이블을 선택하십시오. 새 테이블에서 가져올 필드를 선택해 SELECT 절에 추가하십시오.

왼쪽 조인과 NULL, IS, NOT

왼쪽 조인은 왼쪽 테이블의 레코드를 모두 선택하고, 오른쪽 테이블에 일치하는 필드가 있으면 추가합니다. 이 기능은 데이터베이스를 분석하고 불완전한 정보를 확인하는 데 유용합니다. 회사에서 앨범과 곡을 분류하는 방식을 점검하기로 했다고 합시다. 경영진에서는 앨범이 없는 음악가 리스트를 요청했습니다. 엔티티 관계 다이어그램을 보면 이 데이터는 artists와 albums에 있을 거라고 예상할 수 있습니다. 두 테이블의 관계를 살펴봅시다.

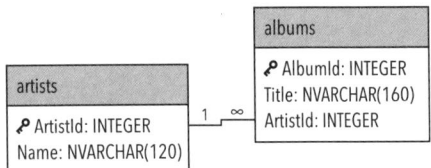

그림 6.19

artists 테이블에는 그림 6.19와 같이 기본 키인 ArtistId 필드가 있고 음악가 이름 필드도 있습니다. artists 테이블은 albums 테이블과 일대다 관계가 있는 것도 볼 수 있습니다. 음악가 한 명이 여러 개의 앨범을 만들 수 있으므로 이 관계는 합리적입니다. albums 테이블에는 기본 키인 AlbumId와 외래 키인 ArtistId 필드가 있습니다.

artists 테이블을 왼쪽 테이블로 삼아 왼쪽 조인을 수행하면 artists 테이블의 모든 데이터가 반환되고, 더불어 albums 테이블에 이에 대응하는 레코드가 있다면 그 필드도 함께 반환됩니다. 이렇게 조인하면 앨범이 없는 음악가에서는 앨범 관련 필드가 NULL로 채워집니다. 이제 명확한 계획을 세웠으므로 쿼리 작성을 시작합시다.

 이 장에서는 대부분의 쿼리에 테이블의 첫 글자를 별칭으로 사용했지만 이번에는 첫 글자가 같은 테이블을 조인하므로 두 글자를 별칭으로 쓰겠습니다.

```
SELECT
    ar.ArtistId AS [ArtistId From Artists Table],
    al.ArtistId AS [ArtistId From Albums Table],
    ar.Name AS [Artist Name],
    al.Title AS [Album]
```

```
FROM
    artists AS ar
LEFT OUTER JOIN
    albums AS al
ON
    ar.ArtistId = al.ArtistId
```

이 쿼리는 418개의 레코드를 반환합니다. 언뜻 보기엔 별 이상이 눈에 띄지 않습니다. `artists` 테이블의 `ArtistId` 필드는 `albums` 테이블의 `ArtistId` 필드와 대응합니다. 대부분의 음악가가 자신의 앨범과 연결되어 있습니다. 하지만 아래로 스크롤하다 보면 그림 6.20과 같이 NULL이 나타나기 시작합니다.

	ArtistId From Artists Table	ArtistId From Albums Table	Artist Name	Album	
...	...	...	...	...	...
51	25	NULL	Milton Nascimento & Bebeto	NULL	
52	26	NULL	Azymuth	NULL	
53	27	27	Gilberto Gil	As Canções de Eu Tu Eles	
54	27	27	Gilberto Gil	Quanta Gente Veio Ver (Live)	
55	27	27	Gilberto Gil	Quanta Gente Veio ver-Bônus De Carnaval	
56	28	NULL	João Gilberto	NULL	
57	29	NULL	Bebel Gilberto	NULL	
58	30	NULL	Jorge Vercilo	NULL	
59	31	NULL	Baby Consuelo	NULL	
60	32	NULL	Ney Matogrosso	NULL	
...	418 rows returned in 18ms				

그림 6.20

처음의 목적대로 앨범이 없는 음악가만 골라내려면 `albums` 테이블의 필드가 NULL인 레코드만 골라내도록 WHERE 절을 수정해야 합니다. SQL에는 널값과 관련된 특수 키워드가 있습니다.

- WHERE 절에 IS NULL을 쓰면 값이 NULL일 때만 조건을 만족합니다.
- 반대로 IS NOT NULL은 값이 NULL이 아닐 때만 조건을 만족합니다(IS는 생략 가능).

WHERE al.ArtistId IS NULL 문을 추가하면 앨범이 없는 음악가만 반환됩니다.

> NULL 관련 작업을 할 때는 등호(=)가 아니라 반드시 IS, NOT을 사용해야 합니다. NULL은 '데이터가 없다'는 뜻입니다. = 연산자는 두 값을 비교합니다. NULL은 비교할 수 있는 대상이 존재하지 않으므로 = 연산자로 비교할 수 없습니다. NULL인 필드에 등호를 사용하려 하면 에러가 일어납니다.

```
SELECT
    ar.ArtistId AS [ArtistId From Artists Table],
    al.ArtistId AS [ArtistId From Albums Table],
    ar.Name AS [Artist Name],
    al.Title AS [Album]
FROM
    artists AS ar
LEFT OUTER JOIN
    albums AS al
ON
    ar.ArtistId = al.ArtistId
WHERE
    al.ArtistId IS NULL
```

이 쿼리를 실행하면 그림 6.21과 같이 앨범이 없는 음악가를 71명 찾아냅니다.

	ArtistId From Artists Table	ArtistId From Albums Table	Artist Name	Album
1	25	NULL	Milton Nascimento & Bebeto	NULL
2	26	NULL	Azymuth	NULL
3	28	NULL	João Gilberto	NULL
4	29	NULL	Bebel Gilberto	NULL
5	30	NULL	Jorge Vercilo	NULL
6	31	NULL	Baby Consuelo	NULL
7	32	NULL	Ney Matogrosso	NULL
8	33	NULL	Luiz Melodia	NULL
9	34	NULL	Nando Reis	NULL
10	35	NULL	Pedro Luís & A Parede	NULL
...	71 rows returned in 1ms			

그림 6.21

오른쪽 조인을 왼쪽 조인으로 전환

이미 언급했듯 SQLite는 오른쪽 조인을 지원하지 않습니다. 오른쪽 조인은 왼쪽 조인을 뒤집은 것입니다. 그림 6.22의 벤 다이어그램을 보십시오. 오른쪽 조인은 오른쪽 테이블의 레코드를 모두 가져오고, 왼쪽 테이블에 이와 대응하는 레코드가 있으면 합쳐서 반환합니다. 왼쪽과 오른쪽 테이블을 바꾸기만 하면 왼쪽 조인으로 같은 결과를 낼 수 있습니다.

다음 쿼리는 오른쪽 조인으로 작성했습니다. 이 쿼리는 **albums** 테이블의 모든 레코드를 가져오고, **tracks** 테이블에 이와 대응하는 앨범 정보가 있을 경우 해당 데이터를 병합합니다.

```
SELECT *
FROM albums AS al
RIGHT OUTER JOIN tracks AS t ON t.AlbumId = al.AlbumId
```

위 쿼리와 다음 쿼리의 결과는 같습니다.

```
SELECT *
FROM tracks AS t
LEFT OUTER JOIN albums AS al ON t.AlbumId = al.AlbumId
```

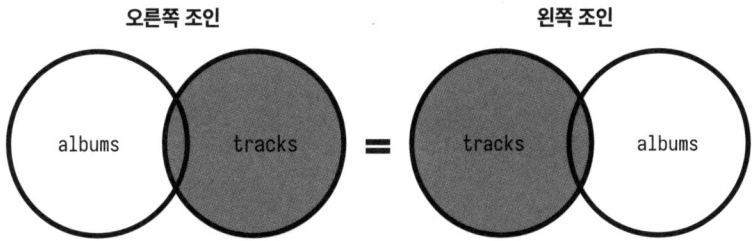

그림 6.22

```
SELECT
    t.TrackId,
    t.Composer,
    t.Name,
    al.AlbumId,
    al.Title
```

```
FROM
    albums AS al
RIGHT OUTER JOIN
    tracks AS t
ON
    t.AlbumId = al.AlbumId
```

위 쿼리를 DB 브라우저에서 실행하면 RIGHT and FULL OUTER JOINs are not currently supported라는 에러 메시지가 보입니다. 하지만 조인에서 두 테이블 이름을 바꾸기만 하면 동일한 결과를 얻을 수 있으므로 문제가 되지는 않습니다. 다음 쿼리는 테이블 순서를 바꾸고 RIGHT를 LEFT로 바꿨을 뿐입니다.

```
SELECT
    t.TrackId,
    t.Composer,
    t.Name,
    al.AlbumId,
    al.Title
FROM
    tracks AS t
LEFT OUTER JOIN
    albums AS al
ON
    t.AlbumId = al.AlbumId
```

쿼리를 실행하면 그림 6.23과 같은 결과를 볼 수 있습니다. 이 쿼리를 실행하면 작곡가, 제목, 앨범 이름이 모두 나타납니다. 또한 작곡가 필드 중 일부에 NULL이 보입니다. NULL이 보이면 쿼리를 점검해 어디서 문제가 생긴 건지, 정상적인 결과인지 확인할 수 있습니다. 왼쪽/오른쪽 조인을 사용하면 데이터베이스의 엇갈림을 찾아낼 수 있습니다. 데이터 정합성이 중요하고 레코드 몇 개가 생략되는 걸 감수할 수 있다면 내부 조인을 쓰는 게 더 좋습니다.

	TrackId	Composer	Name	AlbumId	Title
1	1	Angus Young, Malcolm Young, Brian Johnson	For Those About To Rock (We Salute You)	1	For Those About To Rock (We Salute You)
2	2	NULL	Balls to the Wall	2	Balls to the Wall
3	3	F. Baltes, S. Kaufman, U. Dirkscneider & W. Hoffman	Fast As a Shark	3	Restless and Wild
4	4	F. Baltes, R.A. Smith-Diesel, S. Kaufman, U. Dirkscneider & W. Hoffman	Restless and Wild	3	Restless and Wild
5	5	Deaffy & R.A. Smith-Diesel	Princess of the Dawn	3	Restless and Wild
6	6	Angus Young, Malcolm Young, Brian Johnson	Put The Finger On You	1	For Those About To Rock (We Salute You)
7	7	Angus Young, Malcolm Young, Brian Johnson	Let's Get It Up	1	For Those About To Rock (We Salute You)
8	8	Angus Young, Malcolm Young, Brian Johnson	Inject The Venom	1	For Those About To Rock (We Salute You)
9	9	Angus Young, Malcolm Young, Brian Johnson	Snowballed	1	For Those About To Rock (We Salute You)
10	10	Angus Young, Malcolm Young, Brian Johnson	Evil Walks	1	For Those About To Rock (We Salute You)
…	3503 rows returned in 25ms				

그림 6.23

- Composer 필드가 NULL인 레코드만 반환하게 쿼리를 수정해보십시오.

데이터 분석 체크포인트

1. DB 브라우저의 데이터 보기 탭, 또는 그림 6.4의 엔티티 관계 다이어그램을 참고해 `tracks` 테이블의 구조를 확인하십시오. 다른 테이블에서 외래 키로 쓰이는 필드를 찾아보십시오. 해당 외래 키를 통해 테이블 `tracks`과 관계를 맺고 있는 테이블을 찾아보십시오.

2. `albums`과 `tracks` 테이블을 내부 조인으로 연결하고 앨범 이름과 곡 제목을 레코드셋 하나로 반환하십시오.

3. 질문 1에서 찾은 `genres` 테이블을 질문 2에 세 번째 내부 조인으로 추가하고, 이 테이블의 `Name` 필드를 레코드셋에 추가하십시오.

CHAPTER 06
요약

▶ 조인은 여러 가지 테이블을 연결하는 관계형 데이터베이스의 강력한 기능입니다.

▶ 조인을 작성하기 전에 엔티티 관계 다이어그램을 살펴보는 게 좋습니다.

▶ 여러 테이블에서 필드를 선택할 경우 별칭을 만들어 테이블을 지정해야 합니다.

▶ 내부 조인에는 엇갈리는 데이터가 포함되지 않습니다.

▶ 외부 조인은 엇갈리는 데이터가 있더라도 한쪽 테이블의 레코드를 모두 반환합니다. 엇갈리는 레코드는 NULL로 표시됩니다.

▶ 널값이 포함된 필드를 다룰 때는 반드시 IS나 NOT 키워드를 사용해야 합니다.

▶ SQLite는 오른쪽 조인을 지원하지 않습니다. SQLite에서 오른쪽 조인이 필요한 경우 테이블 조인 순서를 바꾸면 됩니다.

CHAPTER 07 함수

개요
- 쿼리 안에서 계산 수행
- SQL의 함수 타입
- 문자열 함수
- 날짜 함수
- 집계 함수
- 함수와 WHERE, HAVING 절
- 레코드 그룹화
- 데이터 분석 체크포인트

그동안 데이터 분석 체크포인트를 연습했다면 쿼리만으로는 충분하지 않고 직접 뭔가를 추가로 해야 하는 문제가 있었을 것입니다. 예를 들어, 4장 마지막에는 성이 B로 시작하는 고객이 몇 명인지 묻는 질문이 있었고, 총액이 특정 범위 안에 들어가는 송장을 찾으라는 질문도 있었습니다. 쿼리 결과를 직접 세거나 더해야 하는 질문도 있었습니다. 성이 B로 시작하는 고객을 세는 문제를 4장까지 배운 지식만으로 풀기 위해서는 customers 테이블에서 LastName 필드를 모두 선택한 뒤 성 기준으로 정렬하고 B로 시작하는 성이 나올 때까지 스크롤한 뒤 직접 세야 했습니다. 5장에서 배운 내용을 추가로 적용하면 WHERE LastName LIKE 'B%'를 써서 성이 B로 시작하는 고객만 찾을 수 있으니 조금 더 쉽게 해결할 수 있긴 하지만, 직접 세야 한다는 점은 달라지지 않습니다.[1] 이 장에서는 함수를 통해 이런 작업을 단순화하는 방법을 설명합니다.

---

1 [옮긴이] 성이 B로 시작하는 고객만 나오게 쿼리했다면 DB 브라우저에서 xx개의 레코드를 찾았다고 알려주니 직접 셀 필요가 없긴 합니다.

쿼리 안에서 계산 수행

쿼리에 함수를 추가하면 반환된 레코드를 세는 것 같은 번거로운 작업을 쉽게 처리할 수 있습니다. COUNT() 함수는 조건에 맞는 필드를 세서 반환하며, 이 결과에 별칭을 붙일 수 있습니다. 다음 예제를 보십시오.

```
SELECT
    COUNT(LastName) AS [NameCount]
FROM
    customers
WHERE
    LastName LIKE 'B%'
```

이 쿼리는 B로 시작하는 레코드를 찾는 대신 COUNT() 함수를 써서 customers 테이블에서 WHERE 조건을 만족하는 레코드 숫자를 반환합니다. 이 예제는 함수를 통해 시간을 절약하는 수많은 방법 중 하나일 뿐입니다.

	NameCount
1	4
	1 rows returned in 2ms

그림 7.1

이 장에서는 세 가지 타입의 함수를 소개하고, 가장 유용한 함수에 대해 추가로 설명합니다.

SQL의 함수 타입

함수function는 특정 매개변수를 받고 계산을 수행한 뒤 그 결과를 반환합니다. 우리는 이미 5장에서 DATE() 함수를 사용한 적이 있습니다. DATE() 함수는 DATETIME 형식의 데이터를 매개변수로 받고, 계산(시간 부분을 제거)을 수행한 뒤 그 결과를 반환합니다. SQL은 이 외에도 수많은 함수를 제공합니다. 그림 7.2는 이 중에서 가장 유용하고 널리 쓰이는 몇 가지만 추린 것입니다.

테이블 삽입

STRING	DATE	AGGREGATE
INSTR()	DATE()	AVG()
LENGTH()	DATETIME()	COUNT()
LOWER()	JULIANDAY()	MAX()
LTRIM()	STRFTIME()	MIN()
REPLACE()	TIME()	SUM()
RTRIM()	'NOW'	
SUBSTR()		
TRIM()	← ‖ (double pipes concatenation)	
UPPER()		

그림 7.2

노트 이 리스트는 극히 일부에 불과하며, 모든 데이터베이스에서 지원하지는 않습니다. 이 책에서 언급하는 함수는 모두 SQLite에서 지원하지만, 다른 데이터베이스는 비슷한 기능을 다른 이름으로 제공할 수도 있습니다. SQLite에서 지원하는 함수 전체 목록은 SQLite 웹 페이지를 참고하십시오.[2]

이 책에서 설명하는 함수는 그림 7.2와 같이 세 가지 타입으로 나뉩니다.

- **문자열 함수**는 텍스트 데이터를 다룹니다.
- **날짜 함수**는 시간 데이터를 다룹니다.
- **집계 함수** aggregate function 는 통계와 비슷한 기능을 제공합니다.

노트 언뜻 보기엔 이 함수들이 각각의 데이터 타입(문자, 날짜, 숫자)에서만 동작하는 것처럼 보일 수 있습니다. 하지만 COUNT() 같은 집계 함수는 문자열이 몇 글자인지 셀 수도 있습니다. 이와 같이 함수를 다른 데이터 타입에 쓸 수 있는 경우가 있습니다. 데이터 타입은 1장에서 설명했습니다.

SQL 함수는 스프레드시트나 기타 프로그래밍 언어의 함수와 거의 비슷하게 동작합니다. 마이크로소프트 엑셀에서 SUM() 함수를 써본 적이 있다면 간단한 사용법은 이미 익숙할 것입니다. 또한 엑셀과 비슷하게 함수를 입력하는 중간에 도움말이 팝업으로 나타나기도 합니다. SQL 실행 패널에서 함수 이름을 입력하고 괄호를 열어보십시오.

---

[2] https://www.sqlite.org/lang_corefunc.html

```
UPPER(
```

그러면 다음과 같은 도움말이 나타납니다.

```
The UPPER(X) function returns a copy of input
string X in which all lowercase ASCII characters
are converted to their uppercase equivalent.
```

 함수의 괄호 안(X)을 인수라고 합니다. 함수 중에는 2개 이상의 인수를 받는 함수도 있습니다.

DB 브라우저는 대부분의 함수가 어떻게 동작하는지, 어떤 인수를 받는지 설명하는 도움말을 지원합니다. 직접 테스트해보십시오.

- UPPER() 함수는 인수를 1개만 받습니다. REPLACE() 함수는 인수를 몇 개 받는지 확인해보십시오.
- DB 브라우저의 툴팁 도움말을 보고 TRIM() 함수가 하는 일을 이해해보십시오.

 팝업이 표시되지 않는다면 함수 이름에 오타가 있을 가능성이 높습니다. 또한, 함수 이름과 여는 괄호를 복사해서 붙여 넣어도 팝업이 나타나지 않습니다.

문자열 함수

문자열string은 텍스트의 다른 표현입니다. 문자열 함수는 텍스트를 수정하고 형식을 지정할 수 있습니다. 문자열 함수가 동작하는 방식을 이해하려면 SQLite의 데이터 타입을 다시 떠올려봐야 합니다. 3장에서 데이터베이스 구조를 살펴볼 때 텍스트 데이터가 NVARCHAR(X)라는 형식으로 저장되어 있던 기억을 되살려보십시오. NVARCHAR는 가변 길이 문자열이며 여기서 X는 문자열의 최대 길이를 뜻합니다.

우편번호처럼 길이가 정해진 데이터는 길이가 고정된 데이터 타입을 사용할 수 있습니다. 하지만 sTunes 데이터베이스의 텍스트 데이터 타입은 모두 NVARCHAR로 저장됐습니다.

데이터베이스 필드에 항상 최적의 형식으로 문자열이 저장될 수는 없으므로 텍스트 데이터를 원하는 대로 조작할 수 있는 능력이 꼭 필요합니다. 미국에 거주하는 고객의 메일링 리스트를 요청받았다고 합시다. 이를 위해서는 고객의 이름과 주소가 필요합니다. 다음과 같은 간단한 SELECT 문으로 쉽게 찾을 수 있습니다.

```
SELECT
    FirstName,
    LastName,
    Address
FROM
    customers
WHERE
    Country = 'USA'
```

이 쿼리를 실행하면 다음과 같은 결과를 반환하는데, 여기에는 약간의 문제가 있습니다.

	FirstName	LastName	Address
1	Frank	Harris	1600 Amphitheatre Parkway
2	Jack	Smith	1 Microsoft Way
3	Michelle	Brooks	627 Broadway
4	Tim	Goyer	1 Infinite Loop
5	Dan	Miller	541 Del Medio Avenue
...	13 rows returned in 5ms		

그림 7.3

주소는 보통 몇 개의 필드에 나눠서 저장합니다. 따라서 그냥 Address 필드만 가져와서는 충분하지 않습니다. City, State, PostalCode 필드도 필요합니다. 이 데이터는 모두 서로 다른 필드에 분산되어 있습니다. 각 고객이 레코드 하나로 표현되는 단순한 주소록을 만든다고 해도 현재 쿼리로는 부족합니다.

 • 이 예제의 출력 결과를 텍스트 에디터에 복사하고 어떤 형식인지 눈여겨보십시오.

다행히 문자열을 조작할 수 있는 몇 가지 도구를 제공해주므로 어렵지 않게 원하는 형식으로 바꿀 수 있습니다. 먼저 알아볼 도구는 병합입니다.

문자열 병합

필드를 하나로 합치는 걸 **병합**concatenation이라 합니다. 문자열 필드를 병합할 때는 || 연산자를 사용합니다. 예를 들어, FirstName과 LastName을 병합하는 쿼리는 다음과 같습니다.

```
SELECT
    FirstName || LastName
FROM
    customers
WHERE
    CustomerId = 1
```

그림 7.4를 보십시오.

	FirstName || LastName
1	LuísGonçalves
	1 rows returned in 1ms

그림 7.4

두 필드 사이에 공백이 전혀 없습니다. 공백을 추가하려면 이름과 성 사이에 공백을 작은따옴표로 묶어서 병합을 두 번 쓰면 됩니다. 이렇게 수정한 쿼리는 다음과 같습니다.

```
SELECT
    FirstName,
    LastName,
    FirstName || ' ' || LastName
FROM
    customers
```

```
WHERE
    Country = 'USA'
```

결과는 그림 7.5와 같이 나타납니다.

	FirstName	LastName	FirstName || LastName
1	Frank	Harris	Frank Harris
2	Jack	Smith	Jack Smith
3	Michelle	Brooks	Michelle Brooks
4	Tim	Goyer	Tim Goyer
5	Dan	Miller	Dan Miller
...	13 rows returned in 1ms		

그림 7.5

'실명Full Name'이라는 별칭을 써서 쿼리 결과를 더 깔끔하게 만들어보십시오.

같은 기능을 CONCAT() 함수로 제공하는 데이터베이스도 있고, || 대신 + 기호를 사용하는 데이터베이스도 있습니다. RDBMS에 따라 세부 문법은 좀 다르지만 결과는 같습니다.

방법을 알았으니 다음과 같이 고객 주소를 얻을 수 있습니다.

```
SELECT
    FirstName || ' ' ||
    LastName || ' ' ||
    Address || ', ' ||
    City || ', ' ||
    State || ' ' ||
    PostalCode           AS [MailingAddress]
FROM
    customers
WHERE
    Country = 'USA'
```

결과는 그림 7.6과 같습니다.

	MailingAddress
1	Frank Harris 1600 Amphitheatre Parkway, Mountain View, CA 94043-1351
2	Jack Smith 1 Microsoft Way, Redmond, WA 98052-8300
3	Michelle Brooks 627 Broadway, New York, NY 10012-2612
4	Tim Goyer 1 Infinite Loop, Cupertino, CA 95014
5	Dan Miller 541 Del Medio Avenue, Mountain View, CA 94040-111
...	13 rows returned in 5ms

그림 7.6

병합 연산자 사이에 꼭 공백만 써야 하는 건 아닙니다. 이전 예제에서는 ' , '를 넣어 원하는 형식을 맞췄습니다. 작은따옴표 안에는 어떤 문자열이든 넣을 수 있습니다.

문자열 잘라내기

문자열을 분리하거나 잘라내는 함수도 있습니다. 그림 7.6의 결과를 살펴보면 customers 테이블에 우편번호가 균일한 형식으로 저장되지 않은 걸 알 수 있습니다. 일부 우편번호에는 미국 우체국에서 ZIP+4 코드라고 부르는 -XXXX 형식이 덧붙어 있습니다. 게다가 우편번호 중 하나는 ZIP+4 코드의 네 번째 숫자가 빠졌습니다.

데이터베이스의 데이터가 항상 일관적이고 정확할 수는 없습니다. 거의 모든 테이블에 부정확하거나 규칙을 따르지 않는 데이터가 포함됩니다. 이런 에러와 예외를 예상하고 대응하는 기술을 익히는 것도 아주 중요합니다. 사람이 입력하는 데이터에는 항상 실수가 있기 마련입니다. 시간이 지나면 에러가 일어났을 때 대응하는 방법, 에러를 예측하는 방법이 몸에 익을 것입니다.

함수를 사용해 ZIP+4 코드 부분을 제거해서 결과를 균일하게 맞출 수 있습니다. 미국 우체국은 스마트한 라우팅 시스템을 사용하므로 처음 다섯 자리만 정확하면 우편물은 문제없이 배달됩니다.

LENGTH() 함수는 문자열의 길이를 반환합니다.

```
SELECT
    PostalCode,
```

```
    LENGTH(PostalCode) AS [Postal Code Length]
FROM
    customers
WHERE
    Country = "USA"
```

PostalCode	Postal Code Length
94043-1351	10
98052-8300	10
10012-2612	10
95014	5
94040-111	9
89503	5
32801	5
2113	4
60611	5
53703	5
...	13 rows returned in 1ms

그림 7.7

그림 7.7을 보면 우편번호 길이가 제각각이라는 걸 확인할 수 있습니다. 미국 우편번호는 처음 다섯 자리만 있으면 충분합니다. 다섯 번째 자리 이후의 문자열을 제거해봅시다. SUBSTR() 함수를 쓰면 됩니다.

함수	설명
SUBSTR(x, y)	문자열 x의 y번째 위치에서 시작해 그 뒤의 모든 문자를 반환합니다.
SUBSTR(x, y, z)	문자열 x의 y번째 위치에서 시작해 z개의 문자를 반환합니다.

그림 7.8

SUBSTR() 함수는 'SUBSTR(X, Y)', 'SUBSTR(X, Y, Z)' 두 가지 형식으로 사용합니다. 앞에서 언급했듯 'SUBSTR('까지만 입력하면 팝업 도움말을 볼 수 있습니다. 'SUBSTR(X, Y, Z)' 형태의 도움말을 보려면 'SUBSTR(X, Y,'까지 입력해서 세 번째 인수를 쓸 거라는 표현을 해야 합니다.

SUBSTR(X, Y, Z)로 미국 우편번호의 처음 다섯 자리만 남기려면 X 인수에는 `PostalCode` 필드, Y 인수에는 추출을 시작할 위치를 지정합니다. 처음 다섯 자리를 남기므로 1을 입력합니다. Z 인수는 추출할 문자 수이므로 5를 입력합니다.

미국 주소만 선택하고 우편번호는 처음 다섯 자리로 통일하는 쿼리는 다음과 같습니다.

```
SELECT
    PostalCode,
    SUBSTR(PostalCode, 1, 5) AS [Five Digit Postal Code]
FROM
    customers
WHERE
    Country = "USA"
```

결과는 그림 7.9과 같이 우편번호의 처음 다섯 자리만 포함되어 있습니다.

PostalCode	Five Digit Postal Code
94043-1351	94043
98052-8300	98052
10012-2612	10012
95014	95014
94040-111	94040
89503	89503
32801	32801
2113	2113
60611	60611
53703	53703
...	13 rows returned in 1ms

그림 7.9

ZIP+4 코드가 없는 우편번호는 이 쿼리의 영향을 받지 않습니다.

SUBSTR() 함수는 문자열을 분리하는 용도로도 쓸 수 있습니다. 인수 2개를 받는 버전은 Y 위치에서 시작해 문자열 끝까지를 모두 추출합니다. 따라서 Y에 1보다 큰 숫자를 써서 '뒷부분'을 추출할 수 있습니다.

- 이전 쿼리를 수정해서 ZIP+4 코드가 있는 레코드만 선택하고, SUBSTR(X, Y) 함수를 통해 우편 번호의 마지막 네 자리만 추출하여 'ZIP+4'라는 별칭을 붙여보십시오.

기타 문자열 함수

가장 자주 쓰이는 두 가지 함수만 추가로 설명하겠습니다. 이미 언급했듯 SQLite가 지원하는 모든 함수를 알고 싶다면 SQLite 웹사이트에 방문하십시오. 웹사이트의 설명 전체를 기억할 필요는 없습니다. 유용해 보이는 함수 이름만 메모해두면 팝업 도움말을 통해 그때그때 확인할 수 있습니다.

함수	설명
UPPER()	문자열에서 아스키 소문자를 대문자로 바꿔 반환합니다.
LOWER()	문자열에서 아스키 대문자를 소문자로 바꿔 반환합니다.

그림 7.10

툴팁 예제에서 잠시 봤지만, UPPER(X) 함수는 문자열 x를 모두 대문자로 바꿔 반환합니다. LOWER()는 반대로 모두 소문자로 바꿉니다.

다음 쿼리는 이 두 가지 함수의 동작 방식을 묘사합니다.

```
SELECT
    FirstName          AS [First Name Unmodified],
    UPPER(FirstName)   AS [First Name in UPPERCASE],
    LOWER(FirstName)   AS [First Name in lowercase],

    UPPER(FirstName) || ' ' || UPPER(LastName)
                       AS [Full Name in UPPERCASE]
FROM
    customers
```

이 쿼리는 FirstName 필드 전체를 UPPER()와 LOWER() 함수에 전달하고 별칭을 썼습니다. '실명' 별칭을 붙인 행을 보면 함수 결과도 병합할 수 있음을 확인할 수 있습니다.

	First Name Unmodified	First Name in UPPERCASE	First Name in lowercase	Full Name in UPPERCASE
1	Luís	LUíS	luís	LUíS GONçALVES
2	Leonie	LEONIE	leonie	LEONIE KöHLER
3	François	FRANçOIS	françois	FRANçOIS TREMBLAY
4	Bjørn	BJøRN	bjørn	BJøRN HANSEN
5	František	FRANTIšEK	františek	FRANTIšEK WICHTERLOVá
6	Helena	HELENA	helena	HELENA HOLý
7	Astrid	ASTRID	astrid	ASTRID GRUBER
8	Daan	DAAN	daan	DAAN PEETERS
9	Kara	KARA	kara	KARA NIELSEN
10	Eduardo	EDUARDO	eduardo	EDUARDO MARTINS
...	59 rows returned in 3ms			

그림 7.11

이 두 함수는 아스키American Standard Code for Information Interchange, ASCII 문자에만 동작합니다. 처음부터 대/소문자 형태로 만들어진 유니코드 문자에는 적용되지 않습니다.

- SUBSTR() 함수와 대소문자 함수를 함께 사용해서 성을 먼저 대문자로 표시하고 이름의 첫 글자만 표시해보십시오.

날짜 함수

날짜 함수는 날짜와 시간 데이터의 다양한 형식을 지원합니다. sTunes 데이터베이스에는 날짜가 `YYYY-MM-DD HH:MM:SS`인 `DATETIME` 형식으로 저장되어 있습니다. 시간 부분이 있어서 나쁠 건 없지만, 현재 데이터베이스의 데이터는 모두 시간 부분이 비어 있고 `00:00:00`로 표시됩니다. 따라서 5장에서는 `DATE()` 함수를 써서 시간 부분을 제거하고 날짜 정보만 표시했습니다. 데이터베이스마다 날짜 정보를 다른 형식으로 저장할 수 있으므로 형식을 변환하는 방법도 알고 있어야 합니다. 형식 변경 외에도 날짜 데이터로 할 수 있는 일이 많습니다. 예를 들어, 주어진 날짜와 오늘 날짜를 비교해 직원의 나이를 계산할 수도 있습니다.

STRFTIME() 함수의 이름은 string format time의 약자입니다. 이름에서 짐작할 수 있듯 이 함수는 날짜와 시간 정보를 문자열로 변환할 수 있습니다. STRFTIME() 함수가 정확히 동작하려면 최소 원하는 형식과 **시간 문자열**timestring 두 가지 인수가 필요합니다. 시간 문자열은 DATETIME 필드를 쓸 수 있고, 직접 입력해도 됩니다. 시간 문자열 인수에는 상수인 NOW도 쓸 수 있습니다. 세 번째 인수인 지시자modifier는 옵션이며, 날짜를 앞뒤로 이동하거나 그 외 몇 가지 기능을 수행합니다.

함수	설명
STRFTIME()	STRFTIME(format, timestring, modifiers, …) 날짜와 시간을 문자열로 변환합니다. STRFTIME()은 형식, 시간 문자열을 필수로 받고 지시자는 원하는 만큼 추가할 수 있습니다.
'NOW'	NOW는 현재 시간을 반환합니다. STRFTIME(), DATE(), 그 외 몇 가지 함수에 NOW를 인수로 쓸 수 있습니다.

그림 7.12

STRFTIME의 인수

(형식) 대소문자를 구별합니다	설명
'%d'	일
'%f'	SS.SSS 형식으로 나타낸 초
'%H'	시간을 나타내는 두 자리 숫자
'%j'	그해의 몇 번째 날인지 나타내는 세 자리 숫자
'%J'	율리우스일[3]
'%m'	월
'%M'	분
'%s'	1970년 1월 1일 0시 0분 0초 이후로 경과한 시간, 초 단위
'%S'	초
'%w'	요일을 나타내는 숫자. 일요일은 0
'%W'	그해의 몇 번째 주인지 나타내는 두 자리 숫자
'%Y'	연

그림 7.13

---

[3] 옮긴이 율리우스력의 기원전 4713년 1월 1일 월요일 정오(세계 표준시 기준)를 기점으로 계산한 날짜 수

시간 문자열	설명
'YYYY-MM-DD'	연-월-일 형식
'NOW'	현재 날짜와 시간
'DATETIME' 필드	날짜와 시간 형식을 갖춘 필드

그림 7.14

지시자	설명
'+ X days'	X일을 더하기
'+ X months'	X월을 더하기
'+ X years'	X년을 더하기
'- X days'/months/years	X 일/월/연을 빼기
'start of day'	그날의 시작
'start of month'	그달의 시작(1일)
'start of year'	그해의 시작

그림 7.15

STRFTIME()의 인수와 지시자를 전부 이해하고 기억할 필요는 없습니다. STRFTIME()은 날짜와 시간 형식의 데이터에서 원하는 부분을 추출한다고만 기억하면 됩니다.

문자열은 작은따옴표로 앞뒤를 감싸기만 하면 어떤 문자든 그 안에 쓸 수 있습니다.

```
SELECT
    STRFTIME('The Year is: %Y The Day is: %d The Month is %m', '2011-05-22')
        AS [Text with Conversion Specifications]
```

	Text with Conversion Specifications
1	The Year is: 2011 The Day is: 22 The Month is 05
	1 rows returned in 1ms

그림 7.16

 형식은 항상 % 기호로 시작하고 그 뒤에 대소문자를 구별한 코드를 붙입니다. %m를 써야 하는데 %M을 쓰면 월이 아닌 분을 반환합니다.

STRFTIME()을 써서 직원의 나이를 계산해봅시다. 가장 먼저 할 일은 반환할 형식을 정하는 것입니다. BirthDate는 DATETIME 타입이지만 앞에서 언급했듯 시간 부분은 모두 00-00-00이고 나이 계산에도 필요하지 않으므로 생략합니다. 현재 날짜에서 직원의 생일을 빼면 나이를 계산할 수 있습니다. 현재 날짜는 NOW입니다.

```
SELECT
    LastName,
    FirstName,
    SUBSTR(BirthDate, 1, 10) AS [Birthday],
    STRFTIME('%Y', 'now') - STRFTIME('%Y', BirthDate) AS [Age]
FROM
    employees
ORDER BY
    Age
```

	LastName	FirstName	Birthday	Age
1	Peacock	Jane	1973-08-29	51
2	Mitchell	Michael	1973-07-01	51
3	King	Robert	1970-05-29	54
4	Callahan	Laura	1968-01-09	56
5	Johnson	Steve	1965-03-03	59
6	Adams	Andrew	1962-02-18	62
7	Edwards	Nancy	1958-12-08	66
8	Park	Margaret	1947-09-19	77
	8 rows returned in 1ms			

그림 7.17

STRFTIME() 함수로 두 날짜의 연도를 추출한 다음 뺄셈으로 나이를 구했습니다.[4]

---

4 [옮긴이] 책의 지면을 고려해 예제 쿼리를 조금 단순화했습니다. 현재 날짜가 들어가므로 쿼리 실행 시점에 따라 결괏값이 다르게 나올 수 있습니다.

- sTunes는 매월 1일에 직원 생일을 축하하는 행사를 엽니다. 인사팀을 위해 직원 이름, 생일, 행사 날짜를 테이블로 만드십시오.
- 인사팀에서는 나이를 공개하는 게 프라이버시 침해라고 판단했습니다. 나이 대신 근속 연수를 계산하도록 쿼리를 수정해보십시오.
- 가장 오래 근무한 직원을 찾아보십시오.

집계 함수

집계 함수aggregate function는 문자 그대로 데이터들을 집계해 통계 비슷한 결과를 내는 함수입니다. 이 장 서두에서 성이 B로 시작하는 고객을 세는 COUNT() 함수 예제를 소개했습니다. 이 외에도 유용한 집계 함수가 많이 있습니다. 예를 들어, 송장 테이블에 SUM() 함수를 사용해 송장 금액을 전부 더할 수 있습니다.

```
SELECT
    SUM(Total) AS [Total Sales]
FROM
    invoices
```

집계 함수에는 여러 가지가 있지만,[5] SQL을 배울 때 SUM(), AVG(), MIN(), MAX(), COUNT() 정도는 꼭 알고 있어야 합니다.

---

5 https://www.sqlite.org/lang_aggfunc.html

함수	설명
SUM()	NULL이 아닌 값을 모두 더합니다.
AVG()	NULL이 아닌 값의 평균을 구합니다.
MIN()	NULL이 아닌 값 중 최솟값을 구합니다.
MAX()	NULL이 아닌 값 중 최댓값을 구합니다.
COUNT()	NULL이 아닌 값의 수를 셉니다.

그림 7.18

다음 쿼리를 실행한 결과는 그림 7.19와 같습니다.

```
SELECT
    SUM(Total) AS TotalSales,
    AVG(Total) AS AverageSales,
    MAX(Total) AS MaximumSale,
    MIN(Total) AS MinSale,
    COUNT(*) AS SalesCount
FROM
    invoices
```

	TotalSales	AverageSales	MaximumSale	MinSale	SalesCount
1	"2328.6"	"5.651941..."	"25.86"	"0.99"	"412"
	1 rows returned in 2ms				

그림 7.19

COUNT() 함수는 기본적으로 NULL이 아닌 값만 셉니다. 하지만 데이터에 NULL이 포함되거나 에러가 있는 경우도 집계에 포함하고 싶을 땐 인수로 기본 키 또는 애스터리스크(*)를 쓰면 됩니다. 애스터리스크는 '전부'이므로, 집계 함수 COUNT()에 사용하면 invoices 테이블의 모든 레코드 숫자를 반환합니다.

- invoices 테이블에 송장이 몇 개 있을까요?
- 송장 금액의 평균을 구해보십시오.
- 가장 큰 송장 총액을 찾으십시오.

ROUND() 함수와 중첩 함수

중첩 함수nested function란 함수 인수로 다른 함수를 쓰는 걸 말합니다. 함수를 중첩하는 가장 흔한 경우는 내부 함수의 결과를 추가로 수정하는 것입니다. 예를 들어, 그림 7.19를 보면 AverageSales(평균 매출) 필드는 소수점 아래가 너무 깁니다. ROUND() 함수는 집계 함수는 아니지만 수학 계산 결과를 정리할 때 유용합니다. ROUND() 함수의 첫 번째 인수로 AVG() 함수를 쓰고 두 번째 인수로 반올림할 자릿수를 쓰면 됩니다.

함수	설명
ROUND(X, Y)	부동소수점값 X를 Y 자리로 반올림합니다. Y 인수를 생략하면 0이라고 가정합니다.

그림 7.20

```
SELECT
    AVG(Total) AS [Average Sales],
    ROUND(AVG(Total), 2) AS [Rounded Average Sales]
FROM
    invoices
```

	Average Sales	Rounded Average Sales
1	5.65194174757283	5.65
	1 rows returned in 1ms	

그림 7.21

 정밀도가 중요한 값, 예를 들어 돈 계산을 할 때는 계산 중간에 ROUND() 함수를 쓰지 않는게 좋습니다. 반올림은 마지막 단계에서만 수행하고, 쿼리에는 결과를 반올림했다는 주석을 남기길 권합니다.

GROUP BY 절과 집계 함수

집계 함수는 데이터를 그룹으로 나누어 부분합이나 집계를 계산할 수 있다는 점이 유용합니다. sTunes 데이터베이스의 invoices 테이블에 AVG() 함수를 써서 송장의 총액 평균을 아주 쉽게 계산할 수 있다는 건 이미 알고 있습니다. 경영진에서 청구지 주소별로 평균 금액을 요청했다고 합시다. 요청에 응하기 위해 다음과 같은 쿼리를 만들었습니다.

 다음 쿼리는 집계 함수를 올바르지 않게 사용했을 때 어떤 일이 일어나는지 보이기 위해 의도적으로 부정확하게 작성했습니다. 에러가 일어나지는 않지만 의도와 다른 결과가 반환됩니다.

```
SELECT
    BillingCity,
    AVG(Total)
FROM
    invoices
ORDER BY
    BillingCity
```

이 쿼리를 실행하면 뭔가 잘못되었다는 걸 알 수 있습니다.

	BillingCity	AVG(Total)
1	Delhi	5.65194174757283
	1 rows returned in 1ms	

그림 7.22

우리가 원한 건 각 도시의 평균입니다. 하지만 SELECT 문에 청구지 주소를 포함했음에도 불구하고 쿼리는 모든 송장의 평균을 반환했습니다. 이 쿼리가 모든 도시에 개별적으로 접근하지 않은 이유가 무엇일까요? 이 문제를 해결하기 위해서는 쿼리를 일상적인 언어로 바꿔봐야 합니다. 우리가 받은 질문은 '도시별 평균 총액은 얼마인가'입니다.

 4장에서 쿼리를 작성하기 전에 먼저 염두에 두어야 할 다섯 가지 질문을 소개했습니다. 이런 질문을 다시 떠올린다면 쿼리가 예상대로 동작하지 않을 때 어떻게 문제를 해결할지 파악하는 데 도움이 됩니다.

앞의 부정확한 쿼리는 invoices 테이블의 두 가지 항목을 요청합니다. 먼저 BillingCity 필드의 도시 전체를 요청했고, 다시 Total 필드의 평균을 요청했습니다. 앞선 요청은 여러 개의 레코드를, 다음 요청은 1개의 결과를 유도합니다. 달리 말해 집계 필드와 비집계 필드를 동시에 요청한 것입니다. 질문이 정확하지 않았으므로 응답도 정확하지 않습니다.

다음과 같이 쿼리에 GROUP BY 절을 추가해 이 문제를 해결할 수 있습니다.

```
SELECT
    BillingCity,
    AVG(Total)
FROM
    invoices
GROUP BY
    BillingCity
ORDER BY
    BillingCity
```

이 쿼리를 실행하면 그림 7.23과 같이 모든 도시가 하나씩 표시되고, 해당 도시의 총액 평균이 표시됩니다.

	BillingCity	AVG(Total)
1	Amsterdam	5.802857143
2	Bangalore	6.106666667
3	Berlin	5.374285714
4	Bordeaux	5.66
5	Boston	5.374285714
...	53 rows returned in 2ms	

그림 7.23

 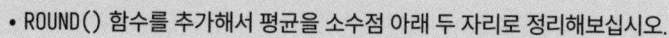
- ROUND() 함수를 추가해서 평균을 소수점 아래 두 자리로 정리해보십시오.

그룹화된 쿼리에 HAVING 절 사용

그룹화된 쿼리에도 다른 쿼리와 마찬가지로 기준을 추가할 수 있습니다. 여태까지는 WHERE 절을 사용해 기준을 추가했습니다. 다음 예제는 비집계 필드 BillingCity를 기준으로 사용합니다.

```
SELECT
    BillingCity,
    AVG(Total)
FROM
    invoices
WHERE
    BillingCity LIKE 'L%'
GROUP BY
    BillingCity
ORDER BY
    BillingCity
```

	BillingCity	AVG(Total)
1	Lisbon	5.66
2	London	5.374285714
3	Lyon	5.374285714
	3 rows returned in 1ms	

그림 7.24

 비집계non-aggregate 필드는 집계 함수의 대상이 되지 않는 필드를 말합니다.

위 예제는 비집계 필드를 기준으로 사용했습니다. 하지만 집계 결과를 기준으로 사용해야 할 때도 있습니다. 예를 들어, 평균이 20 미만인 도시만 찾고 싶다고 합시다. 다음과 같이 WHERE 절에 기준을 추가해볼 수 있지만 올바른 답이 아닙니다.

 다음 쿼리는 에러를 반환합니다. 여기서 중요한 건 WHERE 절의 기준이 집계 데이터를 미리 알지 못한다는 것입니다.

```
SELECT
    BillingCity,
    AVG(Total)
FROM
    invoices
WHERE
    AVG(Total) > 5
GROUP BY
    BillingCity
ORDER BY
    BillingCity
```

위 쿼리를 실행하면 다음과 같은 에러 메시지를 반환합니다.

```
Misuse of aggregate: AVG():
```

이 에러 메시지는 (최소한 이 경우에는) 집계 함수로 생성되는 기준을 WHERE 절에서 사용할 수 없다는 뜻입니다. WHERE 절은 SELECT 절을 통해 '직접적으로' 가져온 데이터만 사용할 수 있습니다. 집계 함수를 통해 얻은 데이터를 기준으로 삼으려면 HAVING 절을 써야 합니다. HAVING 절은 항상 GROUP BY 절 다음에 추가합니다. 이를 반영해 고쳐 쓴 쿼리는 다음과 같습니다.

```
SELECT
    BillingCity,
    AVG(Total)
FROM
    invoices
GROUP BY
    BillingCity
HAVING
    AVG(Total) > 5
ORDER BY
    BillingCity
```

	BillingCity	AVG(Total)
1	Amsterdam	5.802857143
2	Bangalore	6.106666667
3	Berlin	5.374285714
4	Bordeaux	5.66
5	Boston	5.374285714
...	53 rows returned in 2ms	

그림 7.25

HAVING은 GROUP BY 절의 부속품 같은 느낌으로 이해해도 무방합니다. WHERE 절은 필드 데이터를 기준으로 사용하고, HAVING 절은 이와 마찬가지로 집계 결과를 기준으로 사용합니다. GROUP BY 절 없이 HAVING을 사용하면 에러가 일어납니다.

WHERE 절과 HAVING 절

다시 말하자면 WHERE 절은 데이터베이스에 이미 존재하는 필드를 기준으로 삼지만, HAVING 절은 집계를 통해 생성한 결과를 기준으로 합니다. 좀 더 자세히 설명하려면 쿼리 하나에서 WHERE 절과 HAVING 절을 모두 사용하는 경우를 생각해야 합니다. WHERE 절은 테이블에서 어떤 정보를 가져올지 지정하는 1차 필터입니다. 선택된 정보를 가져오면 이를 대상으로 집계 함수를 실행하고, HAVING 절은 그 결과를 다시 한번 거르는 2차 필터입니다.

이번에는 B로 시작하는 도시에 한해 송장 평균 금액이 5달러 이상인 도시만 추린다고 합시다.

```
SELECT
    BillingCity,
    AVG(Total)
FROM
    invoices
WHERE
    BillingCity LIKE 'B%'
GROUP BY
    BillingCity
HAVING
    AVG(Total) > 5
```

```
ORDER BY
    BillingCity
```

이 쿼리는 WHERE 절을 사용해서 B로 시작하는 도시를 추립니다. 이 작업을 마치면 HAVING과 ORDER BY 절을 실행합니다. 데이터를 그룹화하기 전에 먼저 필터링한다는 상식에 맞게, 대부분의 쿼리에서 WHERE가 HAVING보다 먼저 나타납니다.

	BillingCity	AVG(Total)
1	Bangalore	6.106666667
2	Berlin	5.374285714
3	Bordeaux	5.66
4	Boston	5.374285714
5	Brasília	5.374285714
6	Brussels	5.374285714
7	Budapest	6.517142857
8	Buenos Aires	5.374285714
	8 rows returned in 1ms	

그림 7.26

여러 필드에 GROUP BY 사용

집계 필드를 2개 이상 지정하는 것도 가능합니다. 송장 평균을 더 자세히 분석하고 싶다고 합시다. 집계 데이터를 먼저 국가별로 묶고, 다시 도시별로 묶을 수 있습니다. 다음 쿼리는 GROUP BY 절에 BillingCountry 필드를 추가한 것입니다.

```
SELECT
    BillingCountry,
    BillingCity,
    AVG(Total)
FROM
    invoices
GROUP BY
    BillingCountry, BillingCity
```

```
ORDER BY
    BillingCountry
```

레코드셋은 그림 7.27과 같이 국가별로 정렬되고, 해당 국가에 속하는 도시별로 다시 그룹화됩니다. 정보를 더 자세히 분석하고 싶을 때 그룹 기준을 여러 개 지정하는 기능이 큰 도움이 됩니다.

	BillingCountry	BillingCity	AVG(Total)
1	Argentina	Buenos Aires	5.374285714
2	Australia	Sidney	5.374285714
3	Austria	Sidney	6.088571429
4	Belgium	Brussels	5.374285714
5	Brazil	Brasília	5.374285714
6	Brazil	Rio de Janeiro	5.374285714
7	Brazil	São José dos Campos	5.66
8	Brazil	São Paulo	5.374285714
9	Canada	Edmonton	5.374285714
10	Canada	Halifax	5.374285714
...	53 rows returned in 6ms		

그림 7.27

함수에 대한 마지막 노트

이 장이 충분히 자세하다고 말할 수는 없지만, 함수의 가능성에 대해 생각해볼 수 있는 기회가 되기를 바랍니다. SQLite에서 제공하는 모든 함수를 설명하고 예제를 제공하려면 핸드북이 아니라 두꺼운 책 여러 권이 필요할 것입니다. 다행히 SQL 함수에 대한 정보는 온라인에서 쉽게 찾을 수 있습니다. 필자는 종종 학생들에게 SQLite 웹사이트 외에도 웹에서 다른 사람들이 함수를 어떻게 사용하는지 검색하길 권합니다. 이 장에서 설명한 내용에 그치지 말고 함수를 잘 사용할 수 있는 방법을 더 많이 찾아보길 권합니다.

데이터 분석 체크포인트

1. 미국에 거주하는 고객들을 다음과 같이 실명은 대문자로, 다섯 자리 우편번호와 주소 전체를 포함하는 주소록으로 만들어보십시오.

   ```
   FRANK HARRIS 1600 Amphitheatre Parkway, Mountain View, CA 94043
   ```

2. 미국에 거주하는 고객들의 연평균 매출을 연도별로 구분해보십시오.

3. 회사의 전체 매출액을 계산해보십시오.

4. 최고 매출을 기록한 고객 10명을 찾아보십시오(이 문제를 풀기 위해서는 6장에서 설명한 조인이 필요합니다).

CHAPTER 07
요약

▶ 함수를 사용해 데이터를 변경하고 형식을 바꾸거나 계산을 할 수 있습니다.

▶ 숫자 데이터에는 산술연산과 집계 함수를 사용하는 경우가 많습니다.

▶ 문자열 데이터는 분할하거나 병합, 대소문자 바꾸기 등을 할 수 있습니다.

▶ 데이터를 집계할 때는 GROUP BY로 묶고, HAVING 절을 통해 필터링할 수 있습니다.

▶ HAVING 절은 집계 결과를 기준으로 사용하며, WHERE 절이 필드를 기준으로 사용하는 것과는 다릅니다.

▶ HAVING 절은 반드시 GROUP BY 절이 있을 때만 쓸 수 있습니다.

▶ GROUP BY 절에 여러 필드를 사용해 데이터를 자세히 분석할 수 있습니다.

MEMO

PART 3

고급 SQL 주제

CHAPTER 08 서브쿼리
CHAPTER 09 뷰
CHAPTER 10 데이터 조작 언어(DML)

CHAPTER 08 서브쿼리

개요
- 서브쿼리와 집계 함수
- SELECT 문의 서브쿼리
- WHERE 절의 서브쿼리
- 집계 함수가 없는 서브쿼리
- 서브쿼리에서 여러 값 반환
- 서브쿼리와 DISTINCT 키워드
- 데이터 분석 체크포인트

서브쿼리subquery란 쿼리 안에 다른 쿼리를 중첩하는 걸 말하며, 보통 SELECT, FROM, WHERE 절에서 사용합니다. 원하는 결과를 얻기 위해 추가적인 단계나 계산이 필요할 때 서브쿼리를 사용합니다. 예를 들어, 쿼리 결과를 비교해야 하는 경우, 쿼리 하나를 작성하고 그 결과를 다음 쿼리에 복사하는 것보다는 서브쿼리를 쓰는 편이 좋습니다. 또한, 서브쿼리는 2개 이상의 테이블에 동시에 접근해야 할 때도 쓸 수 있습니다. 서브쿼리는 조인만큼 강력하지는 않지만, 한 테이블의 쿼리 결과를 바탕으로 다른 쿼리를 작성할 때 유용합니다. 먼저 집계 함수와 서브쿼리를 함께 사용하는 경우부터 알아보겠습니다.

서브쿼리와 집계 함수

7장에서 송장 총액의 평균을 구한 SELECT 문으로 시작합시다.

```
SELECT
    ROUND(AVG(Total), 2) AS [Average Total]
FROM
    invoices
```

	Average Total
1	5.65
	1 rows returned in 1ms

그림 8.1

이 쿼리를 실행하면 `invoices` 테이블의 송장 총액 평균은 5.65달러임을 알 수 있습니다. 경영진에서 이 평균보다 총액이 낮은 송장을 모두 찾아달라고 했다고 합시다. 먼저 `InvoiceDate`, `BillingAddress`, `BillingCity`처럼 송장의 정보가 포함된 필드가 필요하고, `Total`도 당연히 들어가야 합니다. 그리고 집계 함수의 결과와 비교해 필요한 데이터만 남길 수 있습니다. WHERE 절에서는 `Total`과 `AVG(Total)`을 비교할 수 있어야 합니다. 하지만 7장에서 WHERE Total < AVG(Total) 같은 쿼리는 부정확하며 에러가 일어난다는 걸 배웠습니다. 따라서 평균을 구한 위 쿼리 전체를 다른 쿼리에 삽입할 방법이 필요합니다. 다행히 쉬운 방법이 있습니다.

WHERE 절 안에 위의 쿼리를 괄호를 이용해 삽입하면 서브쿼리로 동작합니다.

```
SELECT
    InvoiceDate,
    BillingAddress,
    BillingCity,
    Total
FROM
    invoices                      -- 외부 쿼리
WHERE Total < (
    select AVG(Total) from invoices    -- 내부 쿼리
)
```

```
ORDER BY                        -- 외부 쿼리
    Total DESC
```

괄호로 감싸서 WHERE 절의 일부분이 된 쿼리를 **내부 쿼리**라 부르기도 하며, 이를 포함하는 쿼리는 **외부 쿼리**라고 부릅니다.

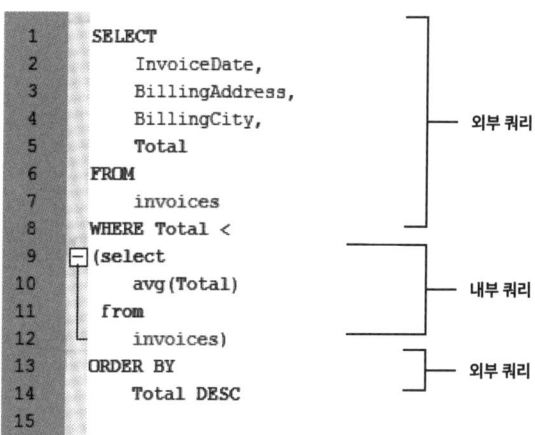

그림 8.2

전문가 Tip

그림 8.2의 외부 쿼리는 SELECT 문을 비롯해 SQL 키워드를 대문자로 썼지만, 내부 쿼리는 소문자를 썼습니다. 연산자, 함수, 키워드는 대소문자를 가리지 않습니다. 필자는 개인적으로 외부 쿼리에는 대문자를 쓰고, 서브쿼리에는 소문자를 쓰는 게 익숙합니다. 이렇게 하면 외부 쿼리와 내부 쿼리를 구별하기 쉽기 때문입니다.

SELECT 문의 서브쿼리

SELECT 문에 집계 계산 같은 추가 단계가 필요한 경우 서브쿼리에서 해당 계산을 수행합니다. 7장에서 GROUP BY 절을 사용해 송장을 도시별로 묶어 평균을 구했습니다. 경영진에서 각 도시의 매출을 전 세계 평균 매출과 비교해달라고 하면 어떻게 대답해야 할까요? 전 세계 평균 매출과 각 도시의 평균 매출을 나란히 표시하는 방법이 있습니다.

도시별 평균 매출을 구하는 쿼리는 이미 7장에서 만들었으므로 SELECT 절에 전 세계 평균 매출을 계산하는 서브쿼리를 추가하면 됩니다. 완성한 쿼리는 다음과 같습니다.

```
SELECT
    BillingCity,
    AVG(Total) AS [City Average],
    (
        select avg(total) from invoices
    ) AS [Global Average]
FROM
    invoices
GROUP BY
    BillingCity
ORDER BY
    BillingCity
```

	BillingCity	City Average	Global Average
1	Amsterdam	5.802857143	5.651941748
2	Bangalore	6.106666667	5.651941748
3	Berlin	5.374285714	5.651941748
4	Bordeaux	5.66	5.651941748
5	Boston	5.374285714	5.651941748
...	53 rows returned in 5ms		

그림 8.3

전 세계 평균의 값이 일정하게 유지되는 걸 확인할 수 있고, 각 도시의 평균 매출과 나란히 표시했으므로 쉽게 비교할 수 있습니다.

WHERE 절의 서브쿼리

이따금 복잡한 필터가 필요할 때가 있습니다. 이런 경우 외부 쿼리의 WHERE 절에 서브쿼리를 쓰고, 그 안에 다시 WHERE 절을 쓸 수 있으므로 기준을 세분화할 수 있습니다. WHERE 절에 서브쿼리가 필요한 좋은 예로 모든 필드를 특정값과 비교하는 경우를 들 수 있습니다. 전년도까지(2009-2012)의 매출 중에서 최댓값을 구하고, 최근 레코드 중 총액이 이보다 높은 송장을 찾아달라는 요청을 받았다고 합시다. 이를 해결하기 위해서는 먼저 2013년 이전 매출 중 최댓값을 구해야 합니다. MAX() 함수를 사용하면 쉽습니다.

```
SELECT
    MAX(Total)
FROM
    invoices
WHERE
    InvoiceDate < '2013-01-01'
```

	MAX(Total)
1	23.86
	1 rows returned in 1ms

그림 8.4

필요한 값을 구했으므로 이를 서브쿼리로 만들고, 필요한 필드를 선택하는 외부 쿼리를 작성합니다.

```
SELECT
    InvoiceDate,
    BillingCity,
    Total
FROM
    invoices
WHERE
    InvoiceDate >= '2013-01-01'

AND total > (
        select max(Total)
        from invoices
        where InvoiceDate < '2013-01-01'
    )
```

결과를 보면 그림 8.5와 같이 2013년 11월 13일에 기록을 갱신한 걸 확인할 수 있습니다.

	InvoiceDate	BillingCity	Total
1	2013-11-13 00:00:00	Prague	25.86
	1 rows returned in 2ms		

그림 8.5

- 2009년의 매출 중 평균 이상인 송장을 모두 찾아보십시오.

집계 함수가 없는 서브쿼리

서브쿼리에 항상 집계 함수가 들어가는 건 아닙니다. 예를 들어, 다음 쿼리는 송장 ID를 받아 날짜를 찾습니다.

```
SELECT
    InvoiceDate
FROM
    invoices
WHERE
    InvoiceId = 251
```

	InvoiceDate
1	2012-01-09 00:00:00
	1 rows returned in 1ms

그림 8.6

다음과 같이 위 쿼리를 괄호로 묶어 서브쿼리로 만들고, 외부 쿼리는 해당 날짜 이후 발생한 송장을 모두 찾도록 작성할 수 있습니다.

```
SELECT
    InvoiceDate,
    BillingAddress,
    BillingCity
FROM
    invoices
WHERE
    InvoiceDate > (
        select InvoiceDate
        from invoices
        where InvoiceId = 251
    )
```

	InvoiceDate	BillingAddress	BillingCity
1	2012-01-22 00:00:00	Av. Paulista, 2022	São Paulo
2	2012-01-22 00:00:00	Qe 7 Bloco G	Brasília
3	2012-01-23 00:00:00	700 W Pender Street	Vancouver
4	2012-01-24 00:00:00	1 Infinite Loop	Cupertino
5	2012-01-27 00:00:00	319 N. Frances Street	Madison
...	161 rows returned in 8ms		

그림 8.7

서브쿼리에서 여러 값 반환

지금까지는 서브쿼리에서 값 하나를 계산해 외부 쿼리에서 사용했습니다. 서브쿼리에서 값을 여러 개 반환하는 것도 가능합니다. 경영진에서 3개의 송장을 주의 깊게 관찰한다고 합시다. 다음 쿼리는 그 3개의 송장 날짜를 선택합니다.

```
SELECT
    InvoiceDate
FROM
    invoices
WHERE
    InvoiceId IN (251, 252, 255)
```

	InvoiceDate
1	2012-01-09 00:00:00
2	2012-01-22 00:00:00
3	2012-01-24 00:00:00
...	3 rows returned in 1ms

그림 8.8

위 쿼리는 IN 키워드를 사용해 2012-01-09, 2012-01-22, 2012-01-24 3개의 날짜를 찾습니다. 그리고 해당 날짜에 발생한 다른 송장이 있는지 찾아달라는 요청을 받았습니다. 다음과 같이 서브쿼리를 사용해 해당 날짜에 발생한 송장을 모두 선택할 수 있습니다.

```
SELECT
    InvoiceDate,
    BillingAddress,
    BillingCity
FROM
    invoices
WHERE
    InvoiceDate IN (
        select InvoiceDate
        from invoices
        where InvoiceId in (251, 252, 255)
    )
```

	InvoiceDate	BillingAddress	BillingCity
1	2012-01-09 00:00:00	Rua Dr. Falcão Filho, 155	São Paulo
2	2012-01-22 00:00:00	Av. Paulista, 2022	São Paulo
3	2012-01-22 00:00:00	Qe 7 Bloco G	Brasília
4	2012-01-24 00:00:00	1 Infinite Loop	Cupertino
...	4 rows returned in 2ms		

그림 8.9

이렇게 기존 쿼리를 서브쿼리로 전환하는 요령을 익혀두면 검색 범위를 손쉽게 좁힐 수 있습니다.

서브쿼리와 DISTINCT 키워드

지금까지 살펴본 것처럼 서브쿼리는 계산이나 비교 조건 자체가 쿼리를 필요로 할 때 아주 유용합니다. 1장에서는 모든 테이블에 고유한 필드인 기본 키가 있어야 하지만, 다른 필드에는 중복 데이터가 있을 수 있다고 설명했습니다. 중복된 정보를 더 잘 활용하려면 그중 대표적인 distinct 값을 사용하는 게 좋을 때가 많습니다. **DISTINCT 키워드**를 이런 경우에 사용합니다. 서브쿼리와 DISTINCT 키워드에 대해 알아보기 전에 먼저 `tracks`과 `invoice_items` 테이블을 살펴봅시다.

`invoice_items` 테이블은 송장과 그 송장에서 구입한 곡을 연결하는 테이블입니다. `InvoiceId`와 `TrackId` 필드를 `TrackId` 기준으로 정렬하면 특정 곡이 여러 송장을 통해 주문됐는지 확인할 수 있습니다.

```
SELECT
    InvoiceId,
    TrackId
FROM
    invoice_items
ORDER BY
    TrackId
```

	InvoiceId	TrackId
1	108	1
2	1	2
3	214	2
4	319	3
5	1	4
6	108	5
7	2	6
8	2	8
9	214	8
10	108	9
...	2240 rows returned in 15ms	

그림 8.10

예를 들어, 그림 8.10을 보면 2번 곡과 8번 곡이 여러 송장에 나타나고, 이는 해당 곡이 여러 번 주문됐다는 것을 의미합니다. 하지만 7번 곡을 주문한 송장은 보이지 않습니다. 경영진에서는 판매고가 없는 곡을 찾고 싶어 합니다. 서브쿼리를 사용해 `invoice_items` 테이블에 존재하지 않는 곡을 찾을 수 있습니다.

다음 쿼리는 DISTINCT 키워드를 사용해 송장이 존재하는 곡만 중복 없이 찾습니다.

```
SELECT
    DISTINCT TrackId
FROM
    invoice_items
ORDER BY
    TrackId
```

	TrackId
1	1
2	2
3	3
4	4
5	5
6	6
7	8
8	9
9	10
10	12
...	1984 rows returned in 11ms

그림 8.11

이번에도 7번 곡은 나타나지 않았고, 각 곡이 중복 없이 한 번씩만 표시된 걸 확인할 수 있습니다. 이제 첫 번째 쿼리의 리스트에 '존재하지 않는' 트랙을 나열하는 쿼리를 만들 수 있습니다.

```
SELECT
    TrackId,
    Composer,
    Name
FROM
    tracks
WHERE
    TrackId NOT IN (
        select distinct TrackId
        from invoice_items
    )
```

그림 8.12는 어떤 송장에도 존재하지 않는 곡 모음입니다. 결과를 보면 앞에서 찾았던 7번 곡이 맨 위에 있는 걸 확인할 수 있습니다. 이제 영업팀은 인기가 없는 곡을 쉽게 찾을 수 있습니다.

	TrackId	Composer	Name
1	7	Angus Young, Malcolm Young, Brian Johnson	Let's Get It Up
2	11	Angus Young, Malcolm Young, Brian Johnson	C.O.D.
3	17	AC/DC	Let There Be Rock
4	18	AC/DC	Bad Boy Boogie
5	22	AC/DC	Whole Lotta Rosie
6	23	Steven Tyler, Joe Perry, Jack Blades, Tommy Shaw	Walk On Water
7	27	Steven Tyler, Joe Perry, Desmond Child	Dude (Looks Like A Lady)
8	29	Steven Tyler, Joe Perry, Taylor Rhodes	Cryin'
9	33	Steven Tyler, Jim Vallance	The Other Side
10	34	Steven Tyler, Joe Perry, Desmond Child	Crazy
...	1519 rows returned in 20ms		

그림 8.12

이 장에서 서브쿼리를 충분히 설명했다고는 할 수 없습니다. 서브쿼리를 사용하는 방법은 이 외에도 여러 가지가 있지만, 이 장에서 제시한 모든 예제는 한 가지 주제를 공유합니다. 서브쿼리를 사용하면 몇 단계에 걸치는 복잡한 계산을 쿼리 하나로 수행할 수 있다는 것입니다. 서브쿼리를 통해 특정 조건을 계산한 다음 같은 조건과 비교해볼 수도 있습니다.

또한, 서브쿼리를 통해 키 필드를 공유하는 테이블 사이의 상호작용을 빠르게 만들어볼 수 있습니다. 하지만 두 테이블을 연결하는 작업이 방대하다면 서브쿼리보다는 조인을 만들어 데이터를 나란히 놓고 보는 편이 더 좋을 수도 있습니다.

옮긴이 Tip

서브쿼리로 풀 수 있는 문제 중 상당수는 조인을 통해서도 해결할 수 있으며, 서브쿼리를 조인으로 변환해 실행 계획을 만들고 조인으로 실행하는 데이터베이스도 있습니다. 데이터베이스 프로그램의 입장에서는 JOIN 문이 최적화(optimizer)를 더 잘 활용하기 때문에 서브쿼리보다는 조인을 선호합니다. 서브쿼리를 만들면 '값 중심'으로 생각하게 되고, 이런 방식은 일상적인 사고방식과 비슷하므로 더 쉽게 느껴집니다. 하지만 관계형 데이터베이스를 잘 다루기 위해서는 '집합 중심'의 사고방식이 필요하므로 시간이 조금 더 걸리더라도 조인으로 문제를 풀길 권하는 전문가도 있습니다.
주문된 적 없는 트랙을 찾아내는 마지막 쿼리는 저자가 이미 비슷한 예제를 설명한 적이 있고 독자 여러분도 쉽게 풀 수 있겠지만, 다음과 같이 조인으로 풀 수도 있습니다.

```
SELECT
    tracks.TrackId,
    Composer,
    Name

FROM        tracks AS tracks
LEFT JOIN   invoice_items AS invoice
    ON tracks.TrackID = invoice.TrackID

WHERE invoice.TrackID IS NULL
```

상사의 생각이 바뀌어서 각 곡을 판매량 순서대로 나열하라고 하면 어떨까요? 조인으로 문제를 풀었다면 조금만 더 확장하면 됩니다.

```
SELECT
    tracks.TrackId,
    Composer,
    Name,
    Count(invoice.TrackId) AS countOfOrder

FROM        tracks AS tracks
LEFT JOIN   invoice_items AS invoice
    ON tracks.TrackID = invoice.TrackID

GROUP BY tracks.TrackId
ORDER BY countOfOrder, tracks.TrackId
```

서브쿼리로는 어떻게 풀 수 있을까요? 방법이 있을 수도 있겠지만, 옮긴이는 쉬운 방법을 떠올릴 수 없었습니다. 문제를 해결하는 방법이 단 한 가지만 있는 건 아니므로 서브쿼리로 쉽게 해결할 수 없는 문제를 조인을 사용하면 의외로 쉽게 풀 수 있다는 점은 기억해두시길 권합니다.

데이터 분석 체크포인트

1. 2010년에 발행된 송장 중 평균 총액을 초과하는 송장이 몇 건인지 알아보십시오.

2. 각 송장을 발행한 고객을 확인하십시오.

3. 질문 2에서 찾은 고객 중 미국에 거주하는 고객을 찾아보십시오.

CHAPTER 08
요약

▶ 서브쿼리를 사용하면 쿼리 하나 안에 여러 개의 쿼리를 중첩할 수 있습니다.

▶ 서브쿼리는 내부 쿼리라 부르기도 하며 이에 대응해 서브쿼리를 포함하는 전체 쿼리를 외부 쿼리라 부릅니다.

▶ 서브쿼리는 일반적으로 집계 함수나 기타 함수의 결과를 기존 데이터와 비교할 때 사용합니다.

▶ DISTINCT 키워드는 중복되는 데이터 중 단 하나만 찾을 때 사용합니다.

CHAPTER 09 뷰

개요
- 뷰 만들기
- 기존 뷰 수정
- 뷰와 조인
- 뷰 제거
- 데이터 분석 체크포인트

뷰view는 가상 테이블이라고도 부릅니다. 뷰는 사실 쿼리이고, 저장해서 반복적으로 실행하거나 다른 쿼리에서 마치 서브쿼리처럼 참조할 수 있게 만들었을 뿐입니다. 뷰는 같은 쿼리를 반복적으로 사용할 때 유용하고, 그 쿼리가 복잡하면 복잡할수록 더 유용합니다. 예를 들어, 경영진에서 매주 또는 분기마다 일정 형식의 판매 데이터를 원한다면 이를 뷰로 미리 구성해두는 것도 좋습니다.

기존 쿼리를 뷰로 변환

그동안 소개한 쿼리는 모두 뷰로 저장해 재사용할 수 있습니다. 8장 처음에 만들었던 쿼리를 다시 봅시다.

```
SELECT
    ROUND(AVG(Total), 2) AS [Average Total]
FROM
    invoices
```

다음과 같이 이 쿼리의 맨 위에 CREATE VIEW V_AvgTotal AS를 추가해 이 쿼리를 뷰로 변환할 수 있습니다.

```
CREATE VIEW V_AvgTotal AS
SELECT
    ROUND(AVG(Total), 2) AS [Average Total]
FROM
    invoices
```

이제 V_AvgTotal이라는 뷰가 생겼습니다.

> 뷰 이름은 V_로 시작하는 게 좋습니다. 이런 규칙을 정해두면 누구든 이 코드가 뷰라는 걸 금방 알 수 있습니다. 밑줄 기호 다음에는 뷰의 기능을 간단히 설명하는 단어를 쓰고, 필요하다면 밑줄과 단어를 더 추가해도 무방합니다. 예를 들어, 이 뷰는 총액 평균을 반올림한 뷰이므로 V_AvgTotal_Rounded라고 저장할 수도 있습니다.

이 쿼리를 실행하면 쿼리가 성공하여 뷰를 만들었다는 메시지가 나타납니다. 그다음 DB 브라우저에서 데이터베이스 구조 탭을 보면 뷰 섹션 아래에 V_AvgTotal 뷰가 보입니다.

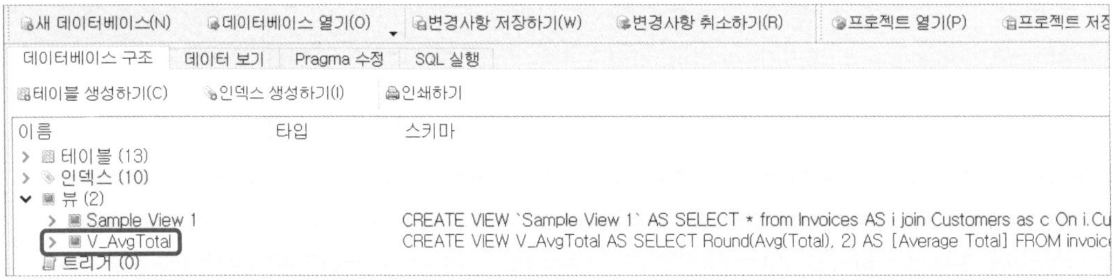

그림 9.1

뷰를 만들고 나면 오른쪽 클릭만으로 몇 가지 간단한 작업을 수행할 수 있습니다. 뷰에서 오른쪽 클릭을 하면 그림 9.2와 같은 메뉴가 나타납니다.

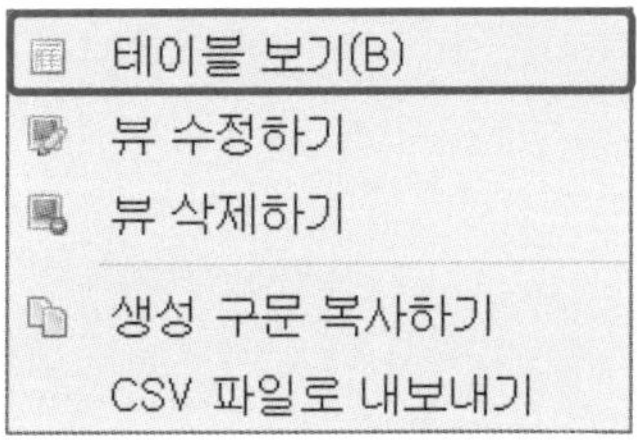

그림 9.2

'테이블 보기' 옵션을 선택하면 다른 테이블과 마찬가지로 '데이터 보기' 탭으로 이동하며 뷰 내용을 볼 수 있습니다. 그림 9.2의 메뉴에서는 뷰를 삭제하거나 생성에 필요한 코드 사본을 다시 생성할 수도 있습니다.

> 그림 9.2의 'Modify View(뷰 수정하기)'가 회색으로 표시된 이유는 이 글을 쓰는 시점에서 DB 브라우저가 이 기능을 지원하지 않기 때문입니다.[1] SQL 서버 같은 다른 데이터베이스에서는 뷰를 수정하는 기능도 지원합니다. 이 장 후반에서 SQLite에서 뷰를 수정하는 방법을 설명하겠습니다.

뷰를 사용하는 이유

뷰를 사용하는 이유는 여러 가지가 있겠지만 가장 큰 이유는 편리함입니다. 같은 쿼리를 반복적으로 작성하고 있다는 걸 깨달았다면 해당 쿼리를 뷰로 저장해서 필요할 때 참조하는 게 편리합니다. 또한, 쿼리를 뷰로 저장했다면 뷰 이름을 선택해 서브쿼리로 불러올 수 있습니다.

`V_AvgTotal` 뷰를 서브쿼리로 불러와봅시다. 8장에서 전체 송장 평균과 각 송장의 총액을 비교하면서 서브쿼리에 `AVG()` 함수를 썼었습니다. 뷰를 만들어두면 서브쿼리를 다시 작성할 필요 없이 다음과 같이 불러오면 됩니다.

```
SELECT
    InvoiceDate,
    BillingAddress,
    BillingCity,
    Total
```

---

1 [옮긴이] 번역 시점에서는 지원됩니다.

```
FROM
    invoices

WHERE Total < (
    select * from V_AvgTotal
)

ORDER BY
    Total DESC
```

 뷰가 그 자체로 완전한 쿼리이기는 하지만, 이 장의 서두에서 언급했듯이 '가상 테이블'이므로 SELECT 문을 다시 써야 합니다. 이 쿼리에서는 * 기호를 써서 뷰의 모든 필드를 가져왔습니다. 이 뷰에는 평균인 필드 하나만 존재하지만 뷰의 필드 이름을 개별적으로 선택할 수도 있습니다.

서브쿼리로 자주 사용하는 쿼리가 있다면 이를 뷰로 만들어서 작업량을 줄이고 하고자 하는 일을 더 명확하게 표현할 수 있습니다. 뷰의 기능을 정확히 알고 싶다면 데이터베이스 구조 탭에서 확인할 수 있습니다. 뷰를 잘 사용하면 쿼리 작성 시간이 줄어들고, 쿼리가 길고 복잡해질수록 이 장점이 더 커집니다.

뷰 수정

이미 언급했듯 이 글을 쓰는 시점을 기준으로 DB 브라우저는 뷰 수정을 지원하지 않습니다. SQLite에서는 기존 뷰를 삭제하거나 새로 만든 뷰에 다른 이름을 지정해야 합니다. 데이터베이스 구조 탭에서 뷰를 오른쪽 클릭한 다음 '생성 구문 복사하기'를 선택해 CREATE VIEW 문 사본을 만드십시오. 그런 다음 결과를 SQL 실행 탭에 붙여 넣고 필요한 만큼 수정한 다음 다시 실행하면 됩니다.

 뷰 생성 쿼리를 실행할 때는 새 뷰의 이름을 바꾸거나 기존 뷰의 이름을 바꿔야 합니다. 뷰의 이름은 중복될 수 없습니다.

- ROUND() 함수를 제거한 V_AvgTotal 뷰를 만드십시오.
- 8장의 서브쿼리 예제 중 하나를 선택해 서브쿼리를 뷰로 저장하고 이를 이용하도록 쿼리를 수정해보십시오.

뷰와 조인

뷰는 길고 복잡한 쿼리를 단순화하는 데 아주 유용합니다. 6장에서 조인에 대해 배웠습니다. 조인 문은 유용하고 강력하지만 매번 작성하기에는 다소 부담스러운 것도 사실이므로 뷰로 저장하는 게 좋습니다. 7장 마지막에서 `invoice_items` 테이블과 `tracks` 테이블을 사용해 `tracks` 테이블의 곡 중 판매되지 않은 곡을 찾았습니다. 두 테이블을 연결하는 뷰가 있었다면 이 문제를 더 쉽게 풀 수 있었을 것입니다.

이번에는 좀 복잡한 예를 들어보겠습니다. 경영진이 `tracks`, `invoice_items`, `invoices`, `customers`, `employees` 테이블을 나란히 보면서 분석하길 원한다고 가정합시다. 먼저 8장에서 함께 봤던 `tracks`, `invoice_items` 테이블을 연결합니다. 두 테이블을 뷰로 연결하려면 먼저 어떤 조인을 사용할지 결정해야 합니다. 두 테이블에 공통된 데이터가 필요하므로 내부 조인을 사용합니다.[2]

먼저 `invoice_items`과 `tracks` 테이블을 조인하는 뷰를 만듭니다.

```
CREATE VIEW V_Tracks_InvoiceItems AS
SELECT
    ii.InvoiceId,
    ii.UnitPrice,
    ii.Quantity,
    t.Name,
    t.Composer,
    t.Milliseconds
```

---

2 [옮긴이] 옮긴이가 보기에 이 예제는 좀 시기상조인 것 같습니다. 어떤 테이블에 어떤 데이터가 있는지 머릿속에 충분히 그려져 있어야 이들을 어떻게 연결해 어떤 정보를 얻을지 구상할 수 있는데, 이를 위해서는 시간이 필요합니다. 여러 테이블을 연결하는 '기술'보다는 데이터 자체에 대한 이해가 선행되어야 합니다. 6장과 8장을 충분히 연습했더라도 갑자기 5개나 되는 테이블이 참여하는 문제를 보면 당황스러운 게 당연합니다. 옮긴이가 저자의 의도를 정확히 알지는 못하지만, 뷰와 뷰를 조인할 수 있다는 걸 보이기 위해 이런 예제를 만든 것 같으니 잘 이해되지 않더라도 읽고 넘어가시면 될 것 같습니다.

```
FROM invoice_items ii
JOIN tracks t
    ON ii.TrackId = t.TrackId
```

다음은 6장에서 만들었던 invoices, customers, employees 테이블의 조인이며, 이를 뷰로 저장하는 명령을 추가했습니다.

```
CREATE VIEW V_inv_cus_emp AS
SELECT
    i.InvoiceId,
    i.InvoiceDate,
    i.Total,
    i.CustomerId,
    c.FirstName,
    c.LastName,
    c.SupportRepId,
    e.EmployeeId,
    e.LastName,
    e.FirstName,
    e.Title

FROM invoices AS i

JOIN customers AS c
    ON i.CustomerId = c.CustomerId

JOIN employees AS e
    ON e.EmployeeId = c.SupportRepId

ORDER BY
    InvoiceDate
```

6장의 조인 쿼리를 조금 수정했습니다. SELECT 문에서 * 기호를 제거하고 보고자 하는 필드만 명시적으로 선택해서 필요한 것만 남겼습니다.

데이터베이스 구조 탭에서 그림 8.3과 같이 두 뷰를 모두 볼 수 있습니다.

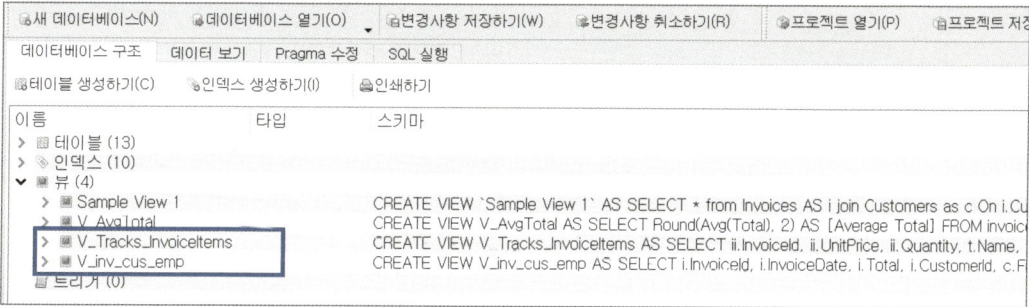

그림 9.3

뷰를 만들면 다음과 같이 테이블처럼 조인할 수 있습니다.

```
SELECT *
FROM V_Tracks_InvoiceItems ii
JOIN V_inv_cus_emp ice
    ON ii.InvoiceId = ice.InvoiceId
```

이렇게 다섯 테이블을 연결하면 어떤 직원이 어떤 곡을 누구에게 판매했는지 한눈에 볼 수 있습니다. 데이터를 집계해서 가장 많이 판매된 곡, 그 곡을 통한 총수익을 알 수 있고 수익을 가장 많이 낸 직원도 알 수 있습니다. 필요하다면 집계 결과를 뷰로 저장해 분기별로 매출 보고서를 작성할 수도 있습니다.

 뷰 여러 개를 조인하려면 뷰를 만들 때부터 키 필드가 포함되도록 해야 합니다.

DROP 문으로 뷰 제거

데이터베이스 구조 탭에서 오른쪽 클릭을 통해 뷰를 제거할 수 있다는 건 이미 언급했지만, DROP 문을 사용해서도 제거할 수 있습니다.

```
DROP VIEW
    V_AvgTotal
```

앞의 쿼리는 V_AvgTotal 뷰를 제거합니다. 이 쿼리는 오직 뷰만 제거할 뿐, 실제 데이터에는 아무 영향도 끼치지 않습니다.

뷰 A가 뷰 B를 참조하는 경우, B를 제거하면 A는 동작하지 않습니다.

DROP 명령은 테이블도 제거할 수 있습니다. 테이블이나 데이터를 제거하기 전에 먼저 다음 장을 읽길 권합니다. DROP 문은 간편하지만 위험할 수 있으므로 데이터베이스 구조 탭을 보면서 오른쪽 클릭으로 제거하는 것이 실수를 줄이는 길입니다.

데이터 분석 체크포인트

이번 체크포인트에서는 8장의 SELECT 문을 사용합니다. 먼저 다음 쿼리를 보십시오.

```
SELECT
    BillingCity,
    AVG(Total) AS [City Average],

    (select avg(total) from invoices)
        AS [Global Average]

FROM
    invoices
GROUP BY
    BillingCity
ORDER BY
    BillingCity
```

1. 내부 쿼리를 V_GlobalAverage 뷰로 저장하십시오.

2. 위 쿼리에서 서브쿼리 부분을 완전히 제거하고, 새로 만든 V_GlobalAverage 뷰로 대체하십시오.

3. 질문 2에서 만든 쿼리를 V_CityAvgVsGlobalAvg 뷰로 저장하십시오.

4. V_GlobalAverage 뷰를 삭제하고 V_CityAvgVsGlobalAvg가 잘 동작하는지 확인하십시오.

CHAPTER 09

요 약

▶ 뷰는 일종의 가상 테이블이며 다른 쿼리에서 테이블처럼 사용할 수 있습니다.

▶ 뷰를 만들 때는 쿼리 맨 앞에 CREATE VIEW V_VIEWNAME AS를 추가합니다.

▶ 비교적 긴 쿼리를 자주 사용한다면 뷰로 만들어두는 편이 좋습니다.

MEMO

CHAPTER 10. 데이터 조작 언어 (DML)

개요
- 주의할 점
- DML의 역할
- 데이터 삽입
- 데이터 업데이트
- 데이터 삭제
- 데이터 분석 체크포인트

지금까지는 기존 데이터, 또는 이를 기반으로 파생된 데이터를 검색하는 쿼리만 설명했습니다. 이 장에서는 테이블에 저장된 데이터를 변경하는 쿼리에 대해 설명합니다.

 이 장에서 설명하는 쿼리는 실무 데이터베이스가 아닌 별도의 연습용 데이터베이스에서 연습하길 권합니다. 실무 데이터베이스에서 이런 쿼리를 사용하다가 실수할 경우 아주 큰 문제가 생길 수 있습니다.

데이터 분석과 데이터베이스 관리

지금까지 설명한 쿼리의 목적은 데이터베이스에 저장된 데이터를 가져와서 유용한 정보로 변환하는 것이었습니다. SQL은 이 외에도 훨씬 많은 기능을 제공합니다. 데이터베이스 관련 직종 중에는 회사 데이터베이스를 총괄하는 데이터베이스 개발자, 관리자 같은 직종도 있습니다. 이들이 실제

하는 일은 회사마다, 데이터베이스마다 다릅니다. SQL 전문가들 사이에서도 DML을 따로 배워야 하는지, 아니면 데이터를 가져오는 쿼리를 공부할 때 함께 배워야 하는지 의견이 분분합니다.

경험이 없는 사람은 데이터베이스 관련 직종의 다양함에 혼란을 느낄 수 있습니다. DML은 데이터베이스 '사용'보다는 관리나 개발에 더 어울리지만, 규모가 작은 회사에서는 한 사람이 데이터베이스 분석, 개발, 관리를 모두 담당하는 경우가 많은데, 여러분이 바로 그 사람이 될 수도 있습니다. 따라서 데이터를 선택하는 쿼리를 배우는 게 목적이라 하더라도 DML의 기본에 대해서는 알아두는 편이 좋습니다.

이 장에서는 INSERT, UPDATE, DELETE 문에 대해 소개합니다. 이름에서 짐작할 수 있듯 이들은 데이터를 추가, 수정, 제거할 때 사용합니다. sTunes 데이터베이스에 음악가를 추가하고, 직원 정보를 수정하고 제거하는 예제를 통해 알아봅시다.

DB 브라우저에서 DML을 통해 데이터베이스를 수정하면 프로그램을 종료하거나 파일을 닫을 때 이를 저장할지 묻습니다. DML을 연습하기 전에 데이터베이스 파일의 원본을 미리 복사해두면 데이터를 수정한 후 저장하더라도 언제든 처음 상태로 돌아갈 수 있습니다.

데이터 삽입

INSERT 문은 테이블에 데이터를 삽입할 때 사용합니다. INSERT 문을 사용하는 방법은 몇 가지가 있는데, 그중 한 가지 방법은 INSERT INTO 문입니다. sTunes 회사의 규모가 커지면서 거래하는 음악가가 늘어나 artists 테이블에 음악가를 추가해야 합니다.

다음 INSERT 문은 artists 테이블에 새 레코드를 삽입합니다.

```
INSERT INTO artists (
    Name
)
VALUES (
    'Bob Marley'
)
```

데이터를 삽입하기 위해서는 테이블, 필드, 값 세 가지를 지정해야 합니다. 테이블을 지정하는 부분은 INSERT INTO 다음의 artists입니다. 그다음에는 필드 이름을 괄호로 묶어서 지정합니다. 위 쿼리는 Name 필드에 데이터를 추가한다고 지정했습니다. 그다음에는 VALUES 키워드를 쓰고, 실제 삽입할 값을 괄호로 묶어 씁니다. 앞의 쿼리는 '밥 말리Bob Marley'를 추가합니다. 이 값은 텍스트이므로 작은따옴표로 둘러쌌습니다.

필드의 데이터 타입은 데이터베이스 구조 탭에서 확인할 수 있습니다. Name 필드의 데이터 타입은 120자로 제한되는 문자열인 NVARCHAR(120)입니다.

- 위 INSERT 문을 실행한 결과를 확인하십시오.
- SELECT 문을 사용해 삽입된 값을 선택하십시오.
- artists 테이블에 'Peter Tosh'를 삽입하십시오.
- 새로 추가한 음악가 밥 말리의 ArtistId 값을 확인하십시오.

artists 테이블의 ArtistId 필드는 자동으로 증가하는 필드이므로 INSERT 문에서 따로 지정할 필요가 없습니다. 즉, 레코드를 추가하면 데이터베이스 프로그램이 자동으로 값을 지정합니다.

테이블 필드 순서대로 삽입할 값을 나열하는 방법도 있습니다. 이 방법을 사용할 경우 필드 이름을 지정하지 않아도 됩니다. 하지만 이 방법을 쓸 때는 테이블의 필드 순서와 데이터 순서가 일치하는지 반드시 확인해야 합니다.

다음은 employees 테이블에 레코드를 삽입하는 쿼리입니다.

```
INSERT INTO employees
VALUES (
    '9',
    'Martin',
    'Ricky',
    'Sales Support Agent',
    '2',
    '1975-02-07',
    '2018-01-05',
    '123 Houston St',
```

```
    'New York',
    'NY',
    'United States',
    '11201',
    '(347) 525-8588',
    '',
    'rmartin@gmail.com'
)
```

다시 말하지만 INSERT 문을 이렇게 사용할 때는 데이터 순서를 반드시 필드 순서와 맞춰야 합니다. 따라서 테이블의 필드 순서를 미리 확인하고 메모하는 게 좋은 습관입니다.

그림 10.1

employees 테이블의 구조는 데이터베이스 구조 탭에서 확인할 수 있습니다. EmployeeId부터 Email까지의 필드 순서를 정확히 지켜 쿼리를 작성해야 합니다.

- INSERT 문을 실행하고 결과를 확인하십시오.
- 리키 마틴을 추가할 때 팩스 번호를 지정하지 않았습니다. INSERT 문의 팩스 번호 부분을 확인하십시오.
- employees 테이블에 다른 직원을 삽입해보십시오.
- 쿼리를 다시 실행해보십시오. 어떤 에러 메시지가 표시되나요?

옮긴이 Tip 이런 문을 자주 사용한다면 다음과 같이 필드 이름, 데이터 타입, 제한이 있다면 제한, 필수 여부, 필드 이름만으로 바로 이해가 어렵다면 그 의미 등을 주석에 기록해 저장해두길 권합니다. **NOT NULL은 이 필드가 필수 필드이며 데이터를 삽입할 때 반드시 지정해야 한다는 뜻입니다. 테이블 구조에 따라 INSERT 문을 자동으로 만들어주는 데이터베이스도 있긴 하지만, 저장된 쿼리를 수정하는 게 더 편리합니다.

```
INSERT INTO employees
  VALUES  (
        '9',                      -- EmployeeId int **NOT NULL
        'Martin',                 -- LastName 20 **NOT NULL
        'Ricky',                  -- FirstName 20 **NOT NULL
        'Sales Support Agent',    -- Title 30
        '2',                      -- ReportsTo(직속 상사 ID) int
        '1975-02-07',             -- BirthDate datetime
        '2018-01-05',             -- HireDate datetime
        '123 Houston St',         -- Address 70
        'New York',               -- City 40
        'NY',                     -- State 40
        'United States',          -- Country 40
        '11201',                  -- PostalCode 10
        '(347) 525-8588',         -- Phone 24
        '',                       -- Fax 24
        'rmartin@gmail.com'       -- Email 60
)
```

주의 필드에 삽입할 값이 없을 때는 빈 작은따옴표(' ') 한 쌍을 써서 순서를 맞춰야 합니다. 위 쿼리는 팩스 번호 필드에 빈 작은따옴표를 넣어서 팩스 번호를 생략했습니다.

데이터 업데이트와 SET 키워드

UPDATE 문은 기존 데이터를 수정합니다. 이 문은 거의 항상 WHERE 절과 함께 사용합니다. UPDATE 문의 WHERE 절은 수정할 레코드를 지정하며, 보통 기본 키를 지정하지만 범위로 수정하는 경우도 있습니다. UPDATE 문을 사용할 때 WHERE 절이 없으면 테이블의 레코드 전체가 수정됩니다.

다음 쿼리는 앞에서 추가한 리키 마틴Ricky Martin의 데이터를 수정합니다.

```
UPDATE employees
SET
    PostalCode = '11202'
WHERE
    EmployeeId = 9
```

UPDATE 키워드 다음에는 수정할 테이블을 지정합니다. 그다음에 SET 키워드를 쓰고 수정할 필드 PostalCode를 지정한 후 등호(=)를 쓰고 새 값을 지정합니다. 여기서 지정한 값은 '11202'이며, 문자열 값이므로 작은따옴표로 묶었습니다. 마지막으로 WHERE 절을 써서 수정할 레코드를 지정합니다. EmployeeId = 9를 지정했으므로 해당 직원의 레코드만 수정되며 다른 레코드는 영향을 받지 않습니다.

UPDATE 문을 실행하고 결과를 확인하십시오.
- 리키 마틴의 전화번호를 수정하는 UPDATE 문을 만들어보십시오.
- WHERE 절 없이 UPDATE 문을 실행했을 때 몇 개의 레코드가 영향을 받을까요?

UPDATE 문을 사용할 때는 WHERE 절을 반드시 확인해야 합니다. WHERE 절이 존재하고 수정할 레코드를 정확히 지정했는지 확인하지 않으면 심각한 부작용이 생길 수 있습니다.

UPDATE 문을 바로 실행하지 말고, 똑같은 WHERE 절로 SELECT 문을 먼저 실행해보십시오. SELECT 문이 반환하는 레코드가 의도한 바와 같다면 UPDATE 문을 실행해도 안전합니다.

UPDATE와 DELETE 문을 사용하기 전에 확인하는 건 정말 중요하므로, 여러 레코드를 수정한다면 처음부터 다음과 같이 작성하는 것도 좋습니다.

```
SELECT * FROM employees
--UPDATE employees SET PostalCode = '11202'
WHERE
    EmployeeId = 9
```

SELECT 문의 결과가 수정하려는 의도와 일치한다면 다음과 같이 주석을 서로 바꿉니다.

```
--SELECT * FROM employees
UPDATE employees SET PostalCode = '11202'
WHERE
      EmployeeId = 9
```

다음 레코드를 수정하기 전에 다시 주석을 서로 바꿔서 SELECT 문을 다시 확인합니다.

```
SELECT * FROM employees
--UPDATE employees SET PostalCode = '11203'
WHERE
      EmployeeId = 8
```

데이터 삭제

DELETE 문은 기존 레코드를 제거합니다. 이 문도 UPDATE와 마찬가지로, 일반적으로 WHERE 절과 함께 사용합니다. WHERE 절 없이 DELETE 문을 사용하면 테이블의 레코드가 모두 삭제됩니다.

 UPDATE 문과 마찬가지로, DELETE 문을 바로 실행하지 말고 먼저 SELECT 문을 작성해서 레코드를 확인하십시오. 제거하려 한 레코드가 맞다면 DELETE 문으로 바꿔 실행하면 됩니다.

먼저 SELECT 문을 작성해 제거할 레코드가 맞는지 확인합니다.

```
SELECT * FROM
    employees
WHERE
    EmployeeId = 9
```

제거하려 한 레코드가 맞다면 다음 쿼리로 레코드를 삭제합니다.

```
DELETE FROM
    employees
WHERE
    EmployeeId = 9
```

앞의 DELETE 문은 2개의 키워드 DELETE FROM으로 시작하고, 그 뒤에 레코드를 삭제할 테이블 이름을 썼습니다. 여기서는 employees 테이블의 레코드를 삭제합니다. 테이블 이름 다음에는 WHERE 절을 쓰고 어떤 직원의 레코드를 삭제할지 지정합니다. EmployeeId = 9를 지정해 해당 직원의 레코드만 삭제하고 다른 레코드에는 영향이 없게 합니다.

- 앞의 DELETE 문의 실행 결과를 검토하십시오.
- 직함(Title)이 sales support agent인 직원을 모두 삭제하는 DELETE 문을 작성해보십시오.
- 앞에서 만든 DELETE 문이 몇 명의 직원을 삭제하는지 확인하십시오.

DELETE 문을 사용할 때는 반드시 WHERE 절을 확인하십시오. WHERE 절에서 삭제 조건을 정확히 지정하지 않는다면 의도하지 않은 레코드가 삭제될 수 있고, 이에 따라 심각한 부작용이 발생할 수 있습니다.

데이터 분석 체크포인트

1. 데이터베이스에 새로운 고객을 추가하십시오.

2. 이 고객과 연관되는 송장 레코드를 만드십시오.

3. 데이터베이스에서 이 고객을 삭제하십시오.

CHAPTER 10
요 약

▶ 이 장에서 설명한 문은 데이터베이스를 영구히 수정합니다. 따라서 실행하기 전에 의도와 맞는지 주의 깊게 확인하십시오.

▶ INSERT 문은 데이터베이스에 새 레코드를 추가합니다.

▶ UPDATE 문은 기존 레코드를 수정합니다.

▶ DELETE 문은 레코드를 완전히 삭제합니다.

맺음말

▶ 질문이 좋으면 답도 좋기 마련

이 책을 읽은 여러분은 데이터베이스에 저장된 별 의미 없어 보이는 데이터 조각들을 정보로 바꾸고, 그 정보를 중요한 결정에 사용할 수 있다는 사실을 이해했을 것입니다. 필자는 책을 쓰면서 그 동안 유용하다고 생각했고, 지금도 사용하고 있는 방법들을 실제 시나리오에 적용해 가능한 효율적인 쿼리를 작성하는 방법을 제시하려 노력했습니다. 추상적 논쟁, 당장 알 필요 없는 고급 주제, 현학적인 고급 용어를 피해 가장 순수하고 효율적인 방법으로 SQL을 연습할 수 있도록 최선을 다했습니다. 초보자 여러분이 즐겁게 이 책을 읽어 내려가는 것과 더불어 이후 배움을 계속 이어갈 수 있는 다리 역할을 하기 바랍니다. 이미 경험이 있는 분들께는 이 책을 통해 몇 가지 영감을 얻고 앞으로 계속 성장하는 지식을 테스트할 수 있는 길라잡이가 되길 바랍니다. 마지막으로, 18년 동안 정보 업계에서 일하며 얻은 실용적인 경험과 교훈을 공유하고 싶습니다. 필자가 수년 동안 성공과 실수를 거듭하며 얻은 원칙이 여러분의 앞길에 조금이나마 도움이 되길 바랍니다. 맺음말을 통해 학생들이 자주 묻는 몇 가지 질문에 대답하고 SQL을 더 배울 수 있는 자료와 인증 테스트에 대해 간단히 소개하고자 합니다.

▶ 나만의 틈새시장 찾기

이 책에 SQL의 다양한 응용 사례를 실었습니다. 흥미로운 부분도, 그렇지 않은 부분도 있었을 것입니다. 18년 전 필자가 처음 데이터에 대해 공부하기 시작했을 때만 해도 컴퓨터 과학은 아주 광범위한 분야였습니다. 당시 필자는 비주얼 베이직을 사용해 애플리케이션, 달리 말하자면 소프트웨어의 인터페이스를 만들었습니다. 그리고 결국에는 이 애플리케이션과 데이터베이스를 연결해야 했습니다. 마이크로소프트 액세스를 사용하고 이를 통해 데이터 시각화와 테이블 사이의 연결을 경험한 후 데이터의 동작 방식을 새로 깨닫고 데이터베이스에 대한 이해도가 높아졌습니다. 경험을 쌓을수록 결국 중요한 건 데이터임을 새삼 깨달았습니다. 그리고 빅데이터의 세계를 이해하는 데 집착하게 됐습니다. 여러분에게도 이런 일이 일어날 수 있고, 사실 필자는 여러분도 이런 경험을 하길 바랍니다. 필자는 학생들에게 현업에서 접할 수 있는 다양한 프로그래밍 관련 분야를 접하길 권합니다. 다양한 경험을 통해 시야가 넓어지면 질문 하나로 여러분에게 가장 잘 맞는 전공을 찾을 수도 있습니다. 누군가가 만들어놓은 길을 따라갈 필요는 없습니다. 스스로 길을 찾아가는 과정에서 어려움, 실수, 실패를 겪더라도 그 경험을 통해 무엇이 가장 가치 있는지 깨달을 것입니다.

▶ 적합한 데이터베이스 직무 선택

이 책은 주로 데이터베이스 분석가의 입장(쿼리 작성, 동료의 질문에 답변 등)에서 썼지만 데이터베이스 설계자를 구하는 곳도 많습니다. 어떤 테이블에 어떤 필드를 저장할지, 테이블을 어떻게 서로 연결할지 구상하는 일에 흥미를 느꼈다면 데이터베이스 설계자에 잘 맞는 사람일 수도 있습니다. 예를 들어, 6장에서는 데이터가 여러 테이블에 흩어지는 일을 막는 정규화에 대해 소개했습니다. 데이터베이스 관리는 접근 제한, 백업, 복구 등이 주요 업무이지만, 이런 주제는 책의 범위를 벗어납니다. 데이터베이스를 만들고 관리하는 방법에 흥미를 느낀다면 데이터베이스 디자인 관련 직업이 여러분에게 잘 맞을 수도 있습니다.

▶ 연봉이 모든 결정의 최우선 순위일까요?

학생들과 데이터 관련 진로에 대해 얘기를 나누다 보면 어떤 직종이나 전공에서 가장 많은 돈을 벌 수 있을지 묻는 질문을 자주 받습니다. 카페에서 사람들을 가르치던 시절부터 지금에 이르기까지, 돈에 가치를 두고 동기 부여를 받는 사람들을 많이 접했습니다. 물론 수입에 대해 생각하는 게 나쁘다는 건 아닙니다. 수입은 당연히 고려해야 할 필요 조건이지만, 그게 전부는 아닙니다. 많은 돈을 벌 수 있는 직업은 그만큼 많은 시간과 노력을 요구합니다.

하지만 꼭 필자의 경험을 기준으로 하지 않더라도, 늦은 밤 찻잔이나 술잔을 앞에 두고 '이게 정말 내가 하고 싶었던 일인가?' 고민하는 순간이 찾아오기 마련입니다. 벽에 부딪혀 직업이나 진로를 결정했던 순간을 후회하는 사람은 많습니다. 오직 수입만 고려해 진로를 결정했다면 이런 고민이 더 잦을 것입니다. 필자 역시 수많은 시행착오를 겪었습니다. 이를 이겨낸 원동력은 처음 이 업계에 진출한 동기였던 배움에 대한 열정과, 그 열정이 현재의 업무와 무관하지 않다는 사실이었습니다.

필자는 대기업에 들어가 반복적인 업무를 수행하는 것보다는, 다른 사람을 돕고 그들이 뭔가를 깨달아 밝은 표정을 짓는 걸 보는 게 더 만족스러웠습니다. 사람들을 돕는 사업이 필자에게 훨씬 잘 맞았던 것입니다. 하지만 이건 그저 필자의 경험일 뿐, 여러분의 길은 다를 터입니다.

최고 연봉을 찾기보다는 SQL에 관심을 갖게 된 계기를 (필요하다면 매일) 되새겨보길 권합니다. 달리 말해, 데이터베이스의 어떤 분야나 직종이 여러분의 열정을 끌어내는지 생각해보는 게 중요합니다. 그 안에 열정이 수입이 되는 방법이 있을 것입니다. 데이터베이스 분야는 아주 포괄적이므로 여러분이 의학, 스포츠, 여행, 정부 정책 등 어떤 분야에 관심이 있더라도 여러분과 잘 맞는 직종이 있을 것입니다.

▶ SQL 지식은 보편적일까요?

특정 직업을 원하는 학생들로부터 다른 SQL 환경에 접하기 전에 더 알아야 할 게 있을지 묻는 질문을 자주 받습니다. 입사 지원서에 SQL 서버 같은 특정 환경에 대한 경험을 요구한다고 명시된 경우도 있습니다. 물론 모든 데이터베이스 환경마다 중요한 차이가 있지만, 이 때문에 낙담하거나 좌절할 필요는 없습니다. 이 책에서 배운 핵심 원칙은 어떤 데이터베이스 환경에서 일하더라도 도움이 될 것입니다. SQL의 장점은 데이터 분야의 보편적인 언어라는 것입니다. SQLite가 아닌 데이터베이스 환경에서 일하게 되더라도 걱정하지 마십시오. 어떤 환경이든 이 책에서 설명한 기본적인 부분이 존재합니다. 쿼리를 입력하는 창과 실행하는 버튼, 쿼리 피드백과 처리 시간을 알려주는 부분 같은 기본적인 요소는 모든 데이터베이스 환경에 있습니다. 쿼리 결과는 항상 표 형식으로 표시됩니다. 1장에서 설명한 관계형 데이터베이스 구조는 표준입니다. 오라클, IBM, 마이크로소프트 SQL 서버, 또는 다른 어떤 환경에서도 데이터베이스는 거의 비슷하게 구성하고 정규화합니다. RDBMS를 다양한 자동차라고 생각해봅시다. 버튼과 스위치, 컵 홀더 등은 조금 다른 위치에 있더라도 핸들과 브레이크, 액셀 등 가장 기본적인 장치들은 똑같은 위치에 있고 상식적으로 동작합니다. SQL의 목표는 정확한 질문입니다. 이 목표만 충족한다면 나머지는 스스로 따라옵니다. 각 데이터베이스 환경에 대해 비교하고 싶다면 https://db-engines.com/en/ranking에 방문해보십시오. 현재 어떤 데이터베이스가 가장 많이 사용되는지 알 수 있습니다.

▶ 이직

데이터 분석과는 완전히 다른 분야에서 일하던 학생들은 SQL이나 프로그래밍에 대한 경험이 없는데 어떻게 고용주에게 데이터 분석가로서 어필할 수 있는지 묻곤 합니다. 하지만 전제가 틀렸습니다. 데이터는 여러분의 생각보다 이전 직업과 훨씬 더 밀착되어 있습니다. 여러분이 버스 기사였다고 합시다. 언뜻 보기엔 버스 기사는 데이터 분석가와는 관련이 없다고 생각할 수도 있지만, 사실 '데이터'는 어떤 분야에든 스며들어 있습니다. 버스 노선을 운행하면서 어느 시간대에 어느 정류장에서 사람들이 가장 많이 타고 내리는지, 어떤 노선이 가장 막히는지 경험했을 것입니다. 어떤 직업이든 데이터는 항상 우리 주위에 있습니다. 버스 기사가 데이터베이스를 사용하는 직업은 아니지만, 승객 숫자나 도로의 차량 밀집도 같은 데이터를 모아 유의미한 정보를 이끌어낼 수 있다면 충분히 고용주에게 어필할 수 있습니다. 기술 분야에서 일하지 않았더라도 이 책에서 배운 내용을 응용해 데이터를 얻고 이를 정보로 전환할 수 있습니다. 데이터베이스가 존재하지 않는다면 직접 만들 수도 있습니다.

▶ 새로운 기술과 연봉 협상

이따금 기존과 다른 직무로 입사한 학생이 데이터베이스 접근 권한을 어떻게 얻을 수 있을지 묻는 경우도 있었습니다. '제가 작성한 쿼리가 데이터베이스에 아무 영향도 없다고 설명했지만 완강하게 읽기 권한조차 주지 않으려 합니다. 이들을 어떻게 설득해야 할까요?' 쿼리는 데이터를 전혀 변경하지 않은 채 읽기만 할 수 있으므로 합리적으로 말한다면 고용주나 이해 관계자가 걱정할 필요가 전혀 없습니다. 그럼에도 불구하고 소수의 핵심 인물에게만 데이터베이스 접근을 허용하는 회사들이 있습니다. 이유는 다양하지만, 해법은 데이터를 정보로 전환하는 일의 가치를 강조하고 여러분의 능력을 어필하는 게 중요합니다. 여러분이 접근 권한을 얻으면 장기적으로 회사의 비용 절감에 도움이 될 수 있다고 설득해볼 수도 있습니다. 대부분의 경우 데이터베이스는 개발, 테스트, 실무 세 가지 환경으로 운영됩니다. 개발 환경에 대한 접근 권한을 요청하거나, 데이터베이스가 작다면 사본을 요청할 수도 있습니다. 더 중요한 건 데이터는 어디에든 있으니 작은 장애물 때문에 큰 목표에 도달하지 못해서는 안 된다는 것입니다. 여러분이 입사한 회사와 같은 분야에 있는 비슷한 데이터베이스를 찾아볼 수도 있습니다. https://data.gov/ 같은 공개 저장소의 데이터를 사용해 연습해보는 것도 하나의 방법입니다.

▶ 데이터 시각화 소프트웨어

데이터 과학에는 SQL 말고도 급속히 발전하는 분야가 많이 있습니다. 텍스트 기반 SQL 브라우저에서 쿼리를 연습하는 것으로 만족하지 못한다면 데이터 시각화를 경험해보길 권합니다. 정보를 잘 표현하는 건 쉽지 않은 일입니다. DB 브라우저를 사용하면서 느낀 독자도 많겠지만, SQL은 여전히 스크립트 같은 프로그래밍 언어와 비슷한 세계에 있습니다. 아주 강력하지만, 눈길을 끄는 매력은 별로 없습니다.

데이터 시각화 소프트웨어는 현재 급속도로 성장하고 있는 인기 분야입니다. 시각화는 고루해 보이는 SQL 문에 새로운 활력을 불어넣을 수 있습니다. 자주 사용하는 쿼리를 뷰로 저장하면 일관적이고 체계적으로 정보를 표시할 수 있습니다. 시각화 소프트웨어는 뷰의 기능을 한 단계 더 발전시켜 막대그래프, 피벗 테이블, 기타 다양한 방식으로 표시할 수 있습니다. 또한 데이터를 실시간으로 표시할 수 있으므로 데이터가 변경되면 차트나 그래프 같은 파생된 시각화 역시 자동으로 업데이트됩니다. 엑셀 같은 스프레드시트 프로그램에 데이터를 복사하고 거기에서 시각화를 만드는 구식 방법과는 비교도 할 수 없습니다. 다음은 몇 가지 인기 있는 데이터 시각화 소프트웨어들입니다.

좌측 위쪽부터 루커, 태블로, 도모, 시센스, 클릭, 버스트 소프트웨어다.

▶ 면접에 관한 조언

SQL 관련 직무의 면접에 관한 자료를 검색하다 보면 '반드시 알아야 할' 리스트라는 타이틀을 내건 기사가 자주 눈에 띕니다. 필자는 이런 리스트가 클릭을 유도하는 미끼에 지나지 않는다고 평가합니다. 필자는 현업에서 오래 일했지만, 그럼에도 불구하고 문법을 암기했다가 특정 시나리오에 적용하길 요구하는 기술 면접을 쉽게 통과할 수 있다고는 생각하지 않습니다. 그보다는 큰 그림을 파악하고, 이와 결부된 기술적인 문제나 비즈니스 문제를 파악해 원하는 결과를 얻는 과정을 면접관에게 설명할 자신은 있습니다. 회사가 면접을 진행하면서 암기력을 중요시하거나 면접자의 쇼맨십에 좌우된다면 그 회사의 비전을 의심해봐야 합니다. 암기에 능한 사람을 뽑는 회사보다는 창의적인 스타일로 문제를 해결할 수 있는 사람을 뽑는 회사가 훨씬 좋습니다. 면접관 중에는 뷰 문법 같은 특정 기술을 중시하거나, 특정 타입의 쿼리를 사용해 문제를 해결하라고 요구하는 면접관도 있습니다. 필자가 보기에 이런 면접 방식은 지나치게 근시안적입니다. 같이 일할 사람을 뽑을 때는 창의적인 사고방식을 확인하는 게 훨씬 중요합니다.

▶ SQL 자격증

SQL과 데이터베이스 관련 인증 시험은 다양합니다. 그중에서도 MCSA_{Microsoft Certified Solutions Associate}, MCSE_{Microsoft Certified Solutions Expert}는 아주 유명한 편입니다. 하지만 마이크로소프트의 시험이 유일한 시험은 아닙니다. 오라클이나 IBM 같은 데이터베이스 관련 메이저 업체에서도 인증 시험을 실시합니다. 자격증이 정말 필요할까요? 반드시 자격증을 취득해야만 관련 업무에 종사할 수 있는 건 아닙니다. 필자는 실용적인 접근 방법을 통해 자격증 이상의 가치를 얻을 수 있다고 확신합니다. 언어를 실제로 사용할 수 있는 능력이 자격증보다 훨씬 중요합니다. 입사할 회사에서 IBM 데이터베이스를 사용한다면 IBM 자격증을 획득하는 게 나쁘진 않습니다. 하지만 확실하지도 않은 자격증 취득에 열을 올리기보다는 환경에 구애받지 말고 진짜 문제를 해결할 수 있는 연습에 집중하는 게 낫습니다.

▶ 마치며

이 책이 도움이 되었기를 진심으로 바랍니다. 필자가 운영하는 데이터 시각화 회사와 훈련 과정에 대해 궁금하다면 https://wsdalearning.ai를 찾아주십시오. 지금까지 여러분과 함께할 수 있어서 즐거웠습니다.

진솔한 서평을 올려주세요!

이 책 또는 이미 읽은 제이펍의 책이 있다면, 장단점을 잘 보여주는 솔직한 서평을 올려주세요.
매월 최대 5건의 우수 서평을 선별하여 원하는 제이펍 도서를 1권씩 드립니다!

- **서평 이벤트 참여 방법**
  1. 제이펍 책을 읽고 자신의 블로그나 SNS, 각 인터넷 서점 리뷰란에 서평을 올린다.
  2. 서평이 작성된 URL과 함께 review@jpub.kr로 메일을 보내 응모한다.

- **서평 당선자 발표**
  매월 첫째 주 제이펍 홈페이지(www.jpub.kr)에 공지하고, 해당 당선자에게는 메일로 연락을 드립니다.
  단, 서평단에 선정되어 작성한 서평은 응모 대상에서 제외합니다.

독자 여러분의 응원과 채찍질을 받아 더 나은 책을 만들 수 있도록 도와주시기 바랍니다.

APPENDIX I 데이터 분석 체크포인트 질문과 해답

APPENDIX II SQL 키워드 리스트

3장 데이터 분석 체크포인트

데이터베이스 구조 탭과 데이터 보기 탭을 사용해 다음 질문에 답해보십시오.

질문 1. 데이터베이스에 테이블이 몇 개 있습니까?

해답: DB 브라우저의 데이터베이스 구조 탭에는 테이블 숫자가 괄호 안에 나타나 있습니다. 이 책에 사용된 sTunes 데이터베이스에는 13개의 테이블이 있습니다.

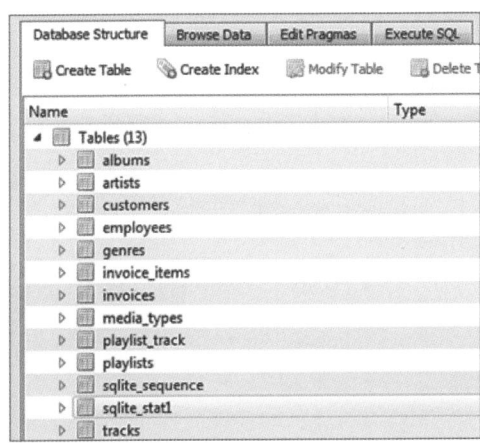

그림 부록 I.1

질문 2. tracks 테이블에 필드가 몇 개 있습니까?

해답: 나열된 테이블 왼쪽의 작은 삼각형을 클릭하면 필드를 볼 수 있습니다. tracks 테이블에는 9개의 필드가 있습니다.

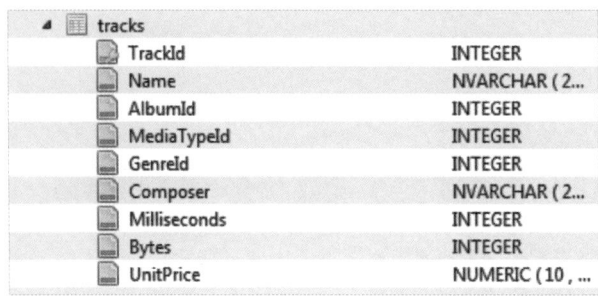

그림 부록 I.2

질문 3. 이 테이블에는 어떤 데이터 타입이 있습니까?

해답: 이전 질문의 이미지를 보면 TrackId 필드는 INTEGER 타입을 받고, Name 필드는 NVARCHAR 타입을 받는 걸 알 수 있습니다. 나머지 필드도 INTEGER와 NVARCHAR를 받지만 NUMERIC 타입을 받는 UnitPrice는 예외입니다.

질문 4. 테이블의 데이터는 어떻게 표시됩니까?

해답: 데이터 보기 탭으로 이동하면 실제 테이블이 보입니다. 드롭다운 메뉴에서 tracks 테이블을 선택해야 합니다. 테이블에 저장된 데이터를 보면 TrackId, AlbumId 같은 필드에 왜 INTEGER 데이터 타입을 썼고 Name과 Composer 필드에 문자 데이터 타입이 어울리는지 알 수 있습니다. UnitPrice의 경우는 소수점이 필요하므로 정수 데이터 타입은 적합하지 않습니다.

	TrackId	Name	AlbumId	MediaTypeId	GenreId	Composer	Milliseconds	Bytes	UnitPrice
	Filter	Filter	Filter	Filter	Filter	Filter	Filter	Filter	Filter
1	1	For Those Ab...	1	1	1	Angus Young,...	343719	11170334	0.99
2	2	Balls to the Wall	2	2	1	NULL	342562	5510424	0.99
3	3	Fast As a Shark	3	2	1	F. Baltes, S. K...	230619	3990994	0.99
4	4	Restless and ...	3	2	1	F. Baltes, R.A....	252051	4331779	0.99
5	5	Princess of th...	3	2	1	Deaffy & R.A. ...	375418	6290521	0.99

그림 부록 I.3

4장 데이터 분석 체크포인트

질문 1. 성이 B로 시작하는 고객은 몇 명입니까?

해답: 이 질문에 답하기 위해서는 찾고 있는 데이터를 정확히 표시하는 쿼리를 작성해야 합니다. 우리는 성을 찾고 있습니다. 성은 customers 테이블의 LastName 필드에 들어 있습니다. 성을 모두 표시하는 쿼리는 다음과 같습니다.

```
SELECT
    LastName
FROM
    customers
```

이 쿼리를 실행하면 성이 모두 표시되지만 순서가 없습니다. ORDER BY 문을 사용해 이들을 알파벳 순으로 정렬할 수 있습니다. 기본적으로 오름차순을 사용하므로 ASC는 생략해도 됩니다. Z로 시작하는 성을 찾는다면 DESC 키워드를 쓰는 게 좋습니다.

```
SELECT
    LastName
FROM
    customers
ORDER BY
    LastName ASC
```

	LastName
1	Almeida
2	Barnett
3	Bernard
4	Brooks
5	Brown
6	Chase
7	Cunningham
8	Dubois
9	Fernandes
10	Francis
...	

그림 부록 I.4

이제 결과가 알파벳순으로 정렬되어 있으므로 B로 시작하는 항목 4개를 쉽게 찾을 수 있습니다. 하지만 여전히 B로 시작하는 성을 눈으로 세고 있습니다. 다른 방법은 나중에 자세히 살펴보겠습니다.

질문 2. 내림차순으로 정렬했을 때 customers 테이블에서 맨 위에 표시되는 회사는 무엇입니까?

해답: 이번에는 `LastName` 필드가 아니라 `Company` 필드를 기준으로 찾습니다. 이전 질문에서 언급했듯 쿼리의 마지막 부분을 변경해 내림차순을 지정하면 됩니다.

```
SELECT
    Company
FROM
    customers
ORDER BY
    Company DESC
```

결과는 다음과 같습니다.

	Company
1	Woodstock Discos
2	Telus
3	Rogers Canada
4	Riotur
5	Microsoft Corporation
6	JetBrains s.r.o.
7	Google Inc.
8	Embraer - Empresa Brasileira de Aeronáutica S.A.
9	Banco do Brasil S.A.
10	Apple Inc.
...	

그림 부록 I.5

내림차순으로 정렬했을 때 처음 나타나는 회사는 Woodstock Discos입니다.

질문 3. 우편번호가 없는 고객은 몇 명입니까?

해답: 데이터를 스크롤해 질문에 답할 수 있지만 더 좋은 방법이 있습니다. 여러 필드를 나열해서 우편번호가 없는 고객을 확인하는 것입니다. 즉 `FirstName`, `LastName`, `PostalCode` 필드를 나타내고 `PostalCode` 순서에 따라 정렬하면 됩니다.

```
SELECT
    FirstName,
    LastName,
    PostalCode
FROM
    customers
ORDER BY
    PostalCode
```

이렇게 하면 그림 부록 I.6과 같이 PostalCode 필드에 NULL이 저장된 레코드 4개가 보입니다.

	FirstName	LastName	PostalCode
1	João	Fernandes	NULL
2	Madalena	Sampaio	NULL
3	Hugh	O'Reilly	NULL
4	Luís	Rojas	NULL
5	Stanisław	Wójcik	00-358
6	Lucas	Mancini	00192
7	Terhi	Hämäläinen	00530
8	Eduardo	Martins	01007-010
9	Alexandre	Rocha	01310-200
10	Bjørn	Hansen	0171
...			

그림 부록 I.6

 내림차순으로 정렬하면 NULL은 맨 아래로 내려갑니다.

5장 데이터 분석 체크포인트

질문 1. CASE 문을 사용해 미국에서 일어난 매출을 '국내 매출Domestic Sales', 나머지를 '해외 매출 Foreign Sales'로 표시하는 쿼리를 작성해보십시오. END AS 다음에 SalesType 별칭을 사용하십시오.

해답: 이 질문에 답하기 위해서는 CASE 문에 대해 알고 있어야 합니다. CASE 문을 사용해 국가별로 분류했으므로 SELECT 문에는 이 정보를 포함하는 게 좋습니다.

```
SELECT
    InvoiceDate,
    BillingAddress,
    BillingCity,
    BillingCountry,
    Total,

    CASE
        WHEN BillingCountry = 'USA' THEN 'Domestic Sales'
        ELSE 'Foreign Sales'
    END AS SalesType
FROM
    invoices
```

	InvoiceDate	BillingAddress	BillingCity	BillingCountry	Total	PurchaseType
1	1/1/2009 0:00	Theodor-Heuss-Straße 34	Stuttgart	Germany	1.98	Foreign Sales
2	1/2/2009 0:00	Ullevålsveien 14	Oslo	Norway	3.96	Foreign Sales
3	1/3/2009 0:00	Grétrystraat 63	Brussels	Belgium	5.94	Foreign Sales
4	1/6/2009 0:00	8210 111 ST NW	Edmonton	Canada	8.91	Foreign Sales
5	1/11/2009 0:00	69 Salem Street	Boston	USA	13.86	Domestic Sales
6	1/19/2009 0:00	Berger Straße 10	Frankfurt	Germany	0.99	Foreign Sales
7	2/1/2009 0:00	Barbarossastraße 19	Berlin	Germany	1.98	Foreign Sales
8	2/1/2009 0:00	8, Rue Hanovre	Paris	France	1.98	Foreign Sales
9	2/2/2009 0:00	9, Place Louis Barthou	Bordeaux	France	3.96	Foreign Sales
10	2/3/2009 0:00	3 Chatham Street	Dublin	Ireland	5.94	Foreign Sales
…						

그림 부록 I.7

질문 2. 레코드셋을 SalesType 필드 기준으로 정렬하십시오.

해답: ORDER BY 문에 새로운 필드 이름을 쓰면 국내 매출과 해외 매출을 각각 그룹으로 묶은 것처럼 표시됩니다.

```
SELECT
    InvoiceDate,
    BillingAddress,
    BillingCity,
    BillingCountry,
    Total,

    CASE
```

```
            WHEN BillingCountry = 'USA' THEN 'Domestic Sales'
            ELSE 'Foreign Sales'
        END AS SalesType
FROM
    invoices
ORDER BY
    SalesType
```

이 쿼리의 결과는 그림 부록 I.8과 같이 국내 매출이 먼저 표시되고 그다음 해외 매출을 보여줍니다.

	InvoiceDate	BillingAddress	BillingCity	BillingCountry	Total	SalesType
1	1/11/2009 0:00	69 Salem Street	Boston	USA	13.86	Domestic Sales
2	2/19/2009 0:00	1600 Amphitheatre Parkway	Mountain View	USA	0.99	Domestic Sales
3	3/4/2009 0:00	1 Microsoft Way	Redmond	USA	1.98	Domestic Sales
4	3/4/2009 0:00	1 Infinite Loop	Cupertino	USA	1.98	Domestic Sales
5	3/5/2009 0:00	801 W 4th Street	Reno	USA	3.96	Domestic Sales
6	3/6/2009 0:00	319 N. Frances Street	Madison	USA	5.94	Domestic Sales
7	4/14/2009 0:00	1 Infinite Loop	Cupertino	USA	13.86	Domestic Sales
8	6/6/2009 0:00	1 Microsoft Way	Redmond	USA	3.96	Domestic Sales
9	6/7/2009 0:00	801 W 4th Street	Reno	USA	5.94	Domestic Sales
10	6/10/2009 0:00	1033 N Park Ave	Tucson	USA	8.91	Domestic Sales
...						

그림 부록 I.8

질문 3. 국내 매출 중 15달러를 초과하는 송장은 몇 건입니까?

해답: 같은 쿼리를 다시 사용하되 WHERE 절과 AND 키워드를 추가하면 됩니다.

```
SELECT
    InvoiceDate,
    BillingAddress,
    BillingCity,
    BillingCountry,
    Total,

    CASE
        WHEN BillingCountry = 'USA' THEN 'Domestic Sales'
        ELSE 'ForeignSales'
```

```
        END AS SalesType
FROM
    invoices
WHERE
    SalesType = "Domestic Sales"
AND Total > 15
```

	InvoiceDate	BillingAddress	BillingCity	BillingCountry	Total	SalesType
1	3/21/2010 0:00	162 E Superior Street	Chicago	USA	15.86	Domestic Sales
2	5/29/2011 0:00	319 N. Frances Street	Madison	USA	18.86	Domestic Sales
3	8/5/2012 0:00	2211 W Berry Street	Fort Worth	USA	23.86	Domestic Sales

그림 부록 I.9

6장 데이터 분석 체크포인트

질문 1. DB 브라우저의 데이터 보기 탭, 또는 그림 6.4의 엔티티 관계 다이어그램을 참고해 `tracks` 테이블의 구조를 확인하십시오. 다른 테이블에서 외래 키로 쓰이는 필드를 찾아보십시오. 해당 외래 키를 통해 테이블 `tracks`과 관계를 맺고 있는 테이블을 찾아보십시오.

해답: `tracks` 테이블을 살펴보면 외래 키로 보이는 정수 필드가 3개 있습니다.

	TrackId	Name	AlbumId	MediaTypeId	GenreId	Composer	Milliseconds	Bytes	UnitPrice
	Filter	Filter	Filter	Filter	Filter	Filter	Filter	Filter	Filter
1	1	For Those Ab...	1	1	1	Angus Young,...	343719	11170334	0.99
2	2	Balls to the Wall	2	2	1	NULL	342562	5510424	0.99
3	3	Fast As a Shark	3	2	1	F. Baltes, S. K...	230619	3990994	0.99
4	4	Restless and ...	3	2	1	F. Baltes, R.A....	252051	4331779	0.99
5	5	Princess of th...	3	2	1	Deaffy & R.A. ...	375418	6290521	0.99
6	6	Put The Finge...	1	1	1	Angus Young,...	205662	6713451	0.99
7	7	Let's Get It Up	1	1	1	Angus Young,...	233926	7636561	0.99
8	8	Inject The Ve...	1	1	1	Angus Young,...	210834	6852860	0.99
9	9	Snowballed	1	1	1	Angus Young,...	203102	6599424	0.99
10	10	Evil Walks	1	1	1	Angus Young,...	263497	8611245	0.99

그림 부록 I.10

`AlbumId`, `MediaTypeId`, `GenreId` 필드는 각각 `albums`, `media_types`, `genres` 테이블에 대응합니다.

질문 2. albums과 tracks 테이블을 내부 조인으로 연결하고 앨범 이름과 곡 제목을 레코드셋 하나로 반환하십시오.

해답:

```sql
SELECT
    t.composer AS "Artist Name",
    a.title AS "Album Title",
    t.Name AS "Track Name"
FROM
    albums a
INNER JOIN
    tracks t
ON
    a.AlbumId = t.AlbumId
```

질문 3. 질문 1에서 찾은 genres 테이블을 질문 2에 세 번째 내부 조인으로 추가하고, 이 테이블의 Name 필드를 레코드셋에 추가하십시오.

해답:

```sql
SELECT
    g.name AS Genre,
    t.composer AS "Artist Name",
    a.title AS "Album Title",
    t.Name AS "Track Name"
FROM
    albums a
INNER JOIN
    tracks t
ON
    a.AlbumId = t.AlbumId
INNER JOIN
    genres g
ON
    g.GenreId = t.GenreId
```

7장 데이터 분석 체크포인트

질문 1. 미국에 거주하는 고객들을 다음과 같이 실명은 대문자로, 다섯 자리 우편번호와 주소 전체가 포함된 주소록으로 만들어보십시오.

```
FRANK HARRIS 1600 Amphitheatre Parkway, Mountain View, CA 94043
```

해답: 위 형식은 이름과 성을 모두 대문자로 표시했으므로 두 필드에 UPPER() 함수를 사용해야 합니다. 이중 파이프를 사용해 필드들을 연결하고, 필요한 곳에 공백과 콤마를 추가합니다.

```
SELECT
    UPPER(FirstName) || ' ' || UPPER(LastName) || ' ' ||
    Address || ', ' || City || ', ' || State || ' ' ||
    SUBSTR(PostalCode,1,5) AS [MailingAddress]
FROM
    customers
WHERE
    Country = 'USA'
```

	MailingAddress
1	FRANK HARRIS 1600 Amphitheatre Parkway, Mountain View, CA 94043
2	JACK SMITH 1 Microsoft Way, Redmond, WA 98052
3	MICHELLE BROOKS 627 Broadway, New York, NY 10012
4	TIM GOYER 1 Infinite Loop, Cupertino, CA 95014
5	DAN MILLER 541 Del Medio Avenue, Mountain View, CA 94040
1	KATHY CHASE 801 W 4th Street, Reno, NV 89503
2	HEATHER LEACOCK 120 S Orange Ave, Orlando, FL 32801
3	JOHN GORDON 69 Salem Street, Boston, MA 2113
4	FRANK RALSTON 162 E Superior Street, Chicago, IL 60611
5	VICTOR STEVENS 319 N. Frances Street, Madison, WI 53703
…	

그림 부록 I.11

질문 2. 미국에 거주하는 고객들의 연평균 매출을 연도별로 구분해보십시오.

해답: 나라 하나의 데이터만 집계한다면 WHERE 절을 사용해 결과를 미국으로 제한하면 됩니다.

```
SELECT
    BillingCountry,
    AVG(Total)
FROM
    invoices
WHERE
    BillingCountry = 'USA'
```

	BillingCountry	AVG(Total)
1	USA	5.7479121

그림 부록 I.12

AVG() 함수 결과에 다시 ROUND() 함수를 써서 소수점 아래 숫자를 줄일 수 있습니다.

질문 3. 회사의 전체 매출액을 계산해보십시오.

해답: 송장 금액의 합계는 다음과 같이 간단히 구할 수 있습니다.

```
SELECT
    SUM(Total)
FROM
    invoices
```

	SUM(Total)
1	2328.6

그림 부록 I.13

질문 4. 최고 매출을 기록한 고객 10명을 찾아보십시오(이 문제를 풀기 위해서는 6장에서 설명한 조인이 필요합니다).

해답: 회사의 총매출은 이미 구했습니다. 이번에는 최고 매출을 기록한 고객 10명을 찾고 있습니다. 한 테이블의 데이터가 다른 테이블의 데이터에 일대일로 대응하는 관계이므로 내부 조인을 사용합니다.

```
SELECT
    SUM(Total)AS [Revenue Total],
    c.FirstName,
    c.LastName
FROM
    invoices i
INNER JOIN
    customers c
ON
    i.CustomerId = c.CustomerId
GROUP BY c.CustomerId
ORDER BY SUM(Total) DESC
```

8장 데이터 분석 체크포인트

질문 1. 2010년에 발행된 송장 중 평균 총액을 초과하는 송장이 몇 건인지 알아보십시오.

해답: 이 질문에 답하려면 두 단계가 필요합니다. 먼저 2010년에 발생한 송장 금액의 평균을 찾아야 합니다. 둘째, 모든 송장을 이 값과 비교해 2010년 평균보다 큰 송장을 찾아야 합니다.

평균을 찾는 서브쿼리는 다음과 같습니다.

```
select
    avg(total)
from
    invoices
where
    InvoiceDate between '2010-01-01' and '2010-12-31'
```

이 쿼리의 결과는 5.80달러입니다. 이제 2010년 평균을 초과하는 송장을 찾는 외부 쿼리를 만듭니다.

```
SELECT
    InvoiceDate,
    Total
FROM
    invoices
WHERE
```

```
        Total > (
            select avg(total)
            from invoices
            where InvoiceDate between '2010-01-01' and '2010-12-31'
        )
ORDER BY
    Total DESC
```

	InvoiceDate	Total
1	11/13/2013 0:00	25.86
2	8/5/2012 0:00	23.86
3	2/18/2010 0:00	21.86
4	4/28/2011 0:00	21.86
5	1/18/2010 0:00	18.86
6	5/29/2011 0:00	18.86
7	1/13/2010 0:00	17.91
8	9/5/2012 0:00	16.86
9	10/6/2012 0:00	16.86
10	3/21/2010 0:00	15.86
...		

그림 부록 I.14

결과 패널을 보면 179개의 송장이 2010년 평균을 초과합니다.

 송장 개수를 알아내면 외부 쿼리의 SELECT 문을 COUNT(Total)로 바꾸면 됩니다.

질문 2. 각 송장을 발행한 고객을 확인하십시오.

해답: 이 문제에 답하려면 customers 테이블과 invoices 테이블의 고객 데이터를 연결하는 조인이 필요합니다. 이 문제를 보면 customers 테이블과 invoices 테이블 사이에 일대일 관계가 있음을 암시합니다. 송장 목록은 이미 확인했으므로 해당 송장을 발행한 고객만 찾으면 됩니다. 이것이 바로 내부 조인이 하는 일입니다. 해답은 질문 1과 거의 비슷합니다. 내부 조인을 만들고 고객 이름을 추가로 선택하면 됩니다.

```
SELECT
    i.InvoiceDate,
    i.Total,
    c.FirstName,
    c.LastName
FROM
    invoices i
INNER JOIN
    customers c
ON
    i.CustomerId = c.CustomerId
WHERE
    Total > (
        select avg(total)
        from invoices
        where InvoiceDate between '2010-01-01' and '2010-12-31'
    )
ORDER BY
    Total DESC
```

질문 3. 질문 2에서 찾은 고객 중 미국에 거주하는 고객을 찾아보십시오.

해답: 질문 2의 쿼리를 조금 수정해 외부 쿼리의 WHERE 절에 AND 키워드를 추가하면 됩니다.

```
SELECT
    InvoiceDate,
    Total,
    BillingCountry
FROM
    invoices
WHERE
    Total > (
        select avg(total)
        from invoices
        where InvoiceDate between '2010-01-01' and '2010-12-31'
    )
    AND BillingCountry = 'USA'
ORDER BY
    Total DESC
```

	InvoiceDate	Total	BillingCountry
1	11/13/2013 0:00	25.86	USA
2	8/5/2012 0:00	23.86	USA
3	2/18/2010 0:00	21.86	USA
4	4/28/2011 0:00	21.86	USA
5	1/18/2010 0:00	18.86	USA
6	5/29/2011 0:00	18.86	USA
7	1/13/2010 0:00	17.91	USA
8	9/5/2012 0:00	16.86	USA
9	10/6/2012 0:00	16.86	USA
10	3/21/2010 0:00	15.86	USA
...			

그림 부록 I.15

결과 패널을 확인해보면 조건을 만족하는 고객은 40명입니다.

질문 1과 마찬가지로 COUNT() 함수를 써서 고객 숫자만 셀 수 있습니다.

9장 데이터 분석 체크포인트

이 체크포인트에서는 도시별 송장 평균을 세계 평균과 비교하는 다음 쿼리를 사용했습니다.

```sql
SELECT
    BillingCity,
    AVG(Total) AS [City Average],

    (select avg(total) from invoices)
        AS [Global Average]

FROM
    invoices
GROUP BY
    BillingCity
ORDER BY
    BillingCity
```

질문 1. 내부 쿼리를 V_GlobalAverage 뷰로 저장하십시오.

이 장의 예제를 연습했다면 이미 뷰를 저장했을 것입니다. 다시 연습하려면 뷰에 다른 이름을 붙이십시오.

해답: 내부 쿼리 앞에 뷰 생성 문법을 쓰면 됩니다.

```
CREATE VIEW V_GlobalAverage AS
select
    avg(total)
from
    invoices AS [Global Average]
```

질문 2. 위 쿼리에서 서브쿼리 부분을 완전히 제거하고, 새로 만든 V_GlobalAverage 뷰로 대체하십시오.

해답: SELECT 절에 뷰를 사용할 때는 * 기호를 사용합니다.

```
SELECT
    BillingCity,
    AVG(Total) AS [City Average],

    (select * from V_GlobalAverage)
        AS [Global Average]

FROM
    invoices
GROUP BY
    BillingCity
ORDER BY
    BillingCity
```

질문 3. 질문 2에서 만든 쿼리를 V_CityAvgVsGlobalAvg 뷰로 저장하십시오.

해답: 질문 2의 쿼리 맨 위에 CREATE VIEW 문을 추가하면 됩니다.

```
CREATE VIEW V_CityAvgVsGlobalAvg AS
SELECT
    BillingCity,
    AVG(Total) AS [City Average],
```

```
        (select * from V_GlobalAverage)
            AS [Global Average]
FROM
    invoices
GROUP BY
    BillingCity
ORDER BY
    BillingCity
```

질문 4. V_GlobalAverage 뷰를 삭제하고 V_ CityAvgVsGlobalAvg가 잘 동작하는지 확인하십시오.

해답: 뷰를 삭제할 때는 DROP VIEW 문을 사용합니다. 또는 DB 브라우저의 데이터베이스 구조 탭에서 오른쪽 클릭으로 뷰를 삭제할 수도 있습니다.

```
DROP VIEW V_GlobalAverage
```

다음 SELECT 문을 실행하면 뷰를 삭제한 영향이 나타납니다.

```
SELECT
    *
FROM
    V_CityAvgVsGlobalAvg
```

다음과 같은 에러 메시지가 표시될 것입니다.

```
no such table: main.V_GlobalAverage:
```

10장 데이터 분석 체크포인트

질문 1. 데이터베이스에 새로운 고객을 추가하십시오.

해답: customers 테이블에 고객을 추가하는 쿼리는 다음과 같습니다. 고객이 아직 곡을 구입하지 않았다면 다른 테이블과 관계없이 독립적으로 존재할 수 있습니다.

```
INSERT INTO
    customers
VALUES (
    '60',
    'New',
    'Customer',
    '',
    '123 Day Street',
    'New York',
    'NY',
    'USA',
    '11201',
    '(347) 525-8688',
    '',
    'nc@gmail.com',
    '1'
)
```

일부 필드에는 작은따옴표 한 쌍을 써서 비워뒀습니다. 다음 SELECT 문으로 고객이 잘 추가됐는지 확인할 수 있습니다.

```
SELECT
    *
FROM
    customers
WHERE
    FirstName = 'New'
```

	CustomerId	FirstName	LastName	Company	Address	City	State	Country	PostalCode	Phone	Fax	Email	SupportId
1	60	New	Customer		123 Day Street	New York	NY	USA	11201	(347)525-8688		nc@gmail.com	1

그림 부록 I.16

질문 2. 이 고객과 연관되는 송장 레코드를 만드십시오.

해답: 송장 레코드를 만들 때는 invoices 테이블과 customers 테이블에서 서로 관계가 있는 필드에 주의해야 합니다. 다음 송장은 customers 테이블의 주소와 같은 주소를 썼습니다.

```
INSERT INTO
    invoices
VALUES (
    '413',
    '60',
    '2019-10-04 00:00:00',
    '123 Day Street',
    'New York',
    'NY',
    'USA',
    '10201',
    '50.00'
)
```

질문 3. 데이터베이스에서 이 고객을 삭제하십시오.

해답: 10장에서 언급했듯, 데이터를 삭제하거나 수정할 때는 먼저 SELECT 문을 써서 조건이 의도와 맞는지 확인해야 합니다. 여기서는 삭제할 데이터가 두 테이블에 걸쳐 있으므로 INNER JOIN 문을 써서 두 테이블을 동시에 확인합니다.

```
SELECT
    c.FirstName,
    c.LastName,
    i.Total,
    i.InvoiceId
FROM
    invoices i
INNER JOIN
    customers c
ON
    i.CustomerId = c.CustomerId
WHERE
    c.CustomerId = 60
```

결과를 확인했으면 DELETE 문을 사용해도 안전합니다.

```
DELETE FROM
    invoices
WHERE CustomerId = 60

DELETE FROM
    customers
WHERE CustomerId = 60
```

SQL 키워드 리스트

4장 키워드

- SELECT, AS, FROM, ORDER BY, ASC, DESC, LIMIT

```sql
/*
이 주석은 블록 주석입니다.
블록 주석은 슬래시와 * 기호로 시작해 * 기호와 슬래시로 끝납니다.
블록 주석은 보통 다음과 같은 형식으로 씁니다.

작성자: [여러분의 이름]
작성일: [날짜]
설명: [쿼리에 대한 간결한 설명]
*/

-- 한 줄 주석은 이렇게 사용합니다.
SELECT                               -- 데이터베이스에서 가져올 필드 지정
    FirstName AS 'First Name',       -- 필드 이름
    LastName AS [Last Name],         -- AS 키워드는 별칭을 지정합니다
    Company AS Co                    -- 한 단어 별칭은 따옴표나 대괄호로
                                     -- 묶지 않고 써도 됩니다

FROM                                 -- 데이터를 가져올 테이블 지정
    customers

ORDER BY                             -- 결과 순서 지정. 기본값은 오름차순입니다
    FirstName DESC                   -- DESC 키워드는 내림차순입니다

LIMIT                                -- 결과 레코드 숫자를 제한합니다
    10;                              -- 마지막 세미콜론은 생략해도 됩니다
```

5장 키워드

- WHERE, CASE, WHEN, THEN, ELSE, END AS, DATE()

 SQL 연산자는 보통 절 안에 위치합니다.

타입	연산자	의미
비교	=	일치
	>	초과
	<	미만
	>=	이상
	<=	이하
	<>	불일치

타입	연산자
논리	BETWEEN
	IN
	LIKE
	AND
	OR

타입	연산자	의미
산술	+	덧셈
	-	뺄셈
	/	나눗셈
	*	곱셈
	%	나머지

그림 부록 II.1

```
SELECT
    InvoiceDate,
    BillingAddress,
    BillingCity,
    Total
FROM
    invoices
WHERE
    Total = 1.98          -- Total 필드가 1.98인 레코드만 반환합니다
ORDER BY
    InvoiceDate



CASE                      -- 조건에 따라 레코드를 분류합니다
    WHEN                  -- 조건 지정
    THEN                  -- WHEN 조건에 맞는 레코드에 별칭 지정
    ELSE                  -- 위에서 지정한 조건에 맞지 않는 레코드에 별칭 지정
END AS                    -- CASE 문의 결과 전체를 그룹으로 묶는 별칭


SELECT
```

```
    InvoiceDate,
    BillingAddress,
    BillingCity,
    Total,

    CASE                          -- 총액에 따라 네 가지로 분류합니다
        WHEN TOTAL < 2.00 THEN 'Baseline Purchase'
        WHEN TOTAL BETWEEN 2.00 AND 6.99 THEN 'Low Purchase'
        WHEN TOTAL BETWEEN 7.00 AND 15.00 THEN 'Target Purchase'
        ELSE 'Top Performers'
                                  -- 위 세 가지 조건에 맞지 않는 레코드 전체
    END AS PurchaseType
FROM
    invoices
ORDER BY
    BillingCity
```

한 줄 주석은 문자 그대로 한 줄로 써야 합니다. --로 시작하지 않는 행은 쿼리의 일부로 인식되므로 에러가 일어납니다.

	InvoiceDate	BillingAddress	BillingCity	Total	PurchaseType
1	2009-05-10 00:00:00	Lijnbaansgracht 120bg	Amsterdam	8.91	Target Purchase
2	2010-12-15 00:00:00	Lijnbaansgracht 120bg	Amsterdam	1.98	Baseline Purchase
3	2011-03-19 00:00:00	Lijnbaansgracht 120bg	Amsterdam	3.96	Low Purchase
…	…	…	…	…	…
71	2010-03-21 00:00:00	162 E Superior Street	Chicago	15.86	Top Performers

그림 부록 II.2

DATE()는 책에서 처음으로 소개하는 함수입니다. 5장의 다른 키워드와 함께 사용하기에 적절하므로 좀 일찍 소개했습니다. 다른 함수는 7장에서 설명합니다.

```
/*
DATE() 함수는 DATETIME 타입으로 저장된 데이터에서 시간 부분을 삭제합니다
*/
SELECT
    InvoiceDate,
    DATE(InvoiceDate) AS [Results of DATE Function]
```

```
FROM
    invoices
ORDER BY
    InvoiceDate
```

	InvoiceDate	Results of DATE Function
1	2009-01-01 00:00:00	2009-01-01
2	2009-01-02 00:00:00	2009-01-02
3	2009-01-03 00:00:00	2009-01-03
4	2009-01-06 00:00:00	2009-01-06
5	2009-01-11 00:00:00	2009-01-11
...		

그림 부록 II.3

6장 키워드

- INNER JOIN, ON, LEFT JOIN, RIGHT JOIN, IS, NOT

 SQLite는 RIGHT JOIN을 지원하지 않지만 다른 환경에서는 지원합니다.

▶ 내부 조인

```
SELECT
    i.InvoiceId,        -- 별칭으로 테이블 지정
    c.CustomerId,
    c.Name,
    c.Address,
    i.InvoiceDate,
    i.BillingAddress,
    i.Total
FROM
    invoices AS i
INNER JOIN
    customers AS c
ON
```

```
    i.CustomerId = c.CustomerId
```

▶ 왼쪽 조인

```
SELECT
    i.InvoiceId,
    c.CustomerId,
    c.Name,
    c.Address,
    i.InvoiceDate,
    i.BillingAddress,
    i.Total
FROM
    invoices AS i
LEFT OUTER JOIN
    customers AS c
ON
    i.CustomerId = c.CustomerId
```

▶ 오른쪽 조인(SQLite에서는 지원하지 않음)

```
SELECT
    i.InvoiceId,
    c.CustomerId,
    c.Name,
    c.Address,
    i.InvoiceDate,
    i.BillingAddress,
    i.Total
FROM
    invoices AS i
RIGHT OUTER JOIN              -- SQLite에서는 테이블 순서를 바꿉니다
    customers AS c
ON
    i.CustomerId = c.CustomerId

SELECT
    ar.ArtistId AS [ArtistId From Artists Table],
    al.ArtistId AS [ArtistId From Albums Table],
    ar.Name AS [Artist Name],
    al.Title AS [Album]
FROM
    artists AS ar
```

```
LEFT OUTER JOIN
    albums AS al
ON
    ar.ArtistId = al.ArtistId
WHERE
    al.ArtistId IS NULL       -- IS NOT ...도 쓸 수 있습니다
```

7장 키워드

- GROUP BY, HAVING

함수 타입

문자열 함수		날짜와 시간 함수		집계 함수	
	INSTR()		DATE()		AVG()
	LENGTH()		DATETIME()		COUNT()
	LOWER()		JULIANDAY()		MAX()
	LTRIM()		STRFTIME()		MIN()
	REPLACE()		TIME()		SUM()
	RTRIM()				
	SUBSTR()			기타 함수	ROUND()
	TRIM()				
	UPPER()				

그림 부록 II.4

 본문에서 언급했듯 SQLite가 지원하는 함수 전체를 6장에서 설명하지는 않았습니다. https://www.sqlite.org/lang_corefunc.html에서 SQLite의 함수 리스트와 문서를 읽어볼 수 있습니다.

8장 키워드

- DISTINCT

▶ 서브쿼리 기본

```
 1  SELECT
 2      InvoiceDate,
 3      BillingAddress,
 4      BillingCity,
 5      Total
 6  FROM
 7      invoices
 8  WHERE Total <
 9      (select
10          avg(Total)
11       from
12          invoices)
13  ORDER BY
14      Total DESC
15
```
1~8, 13~14: 외부 쿼리
9~12: 내부 쿼리

그림 부록 II.5

▶ DISTINCT 절

```
SELECT
    DISTINCT TrackId
FROM
    invoice_items
ORDER BY
    TrackId
```

	TrackId
1	1
2	2
3	3
4	4
5	5
6	6
7	8
8	9
9	10
10	12
...	1984 rows returned in 11ms

그림 부록 II.6

9장 키워드

- CREATE VIEW, DROP VIEW

CREATE VIEW V_ViewName AS [Alias Name]

DROP VIEW V_ViewName

10장 키워드

- INSERT INTO, UPDATE, SET, DELETE

주의

DML은 데이터베이스를 영구히 변경합니다. 이 명령어는 반드시 책에서 제공하는 것 같은 고립된 데이터베이스에서 연습하십시오. 실무 데이터베이스에서 DML을 잘못 사용하면 아주 큰 부작용이 생길 수 있습니다.

INSERT INTO

```
    artists (Name)
VALUES ('Bob Marle')


UPDATE
    employees
SET
    PostalCode = '11202'
WHERE
    EmployeeId = 9


DELETE FROM
    employees
WHERE
    EmployeeId = 9
```

용어 사전

- **DB 브라우저**

  SQLite를 사용하는 SQL 브라우저입니다.

- **SQL** Structured Query Language

  구조화된 쿼리 언어. 관계형 데이터베이스를 생성, 조작, 제어하기 위해 설계된 표준화된 키워드 집합입니다.

- **SQLite**

  관계형 데이터베이스 관리 시스템 중 하나입니다.

- **SQL 브라우저**

  관계형 데이터베이스 관리 시스템의 인터페이스를 말합니다.

- **결과 패널** results pane

  SQL 브라우저에서 레코드셋을 표시하는 부분입니다.

- **관계형 데이터베이스** relational database

  기본 키와 외래 키 필드를 사용해 테이블을 서로 연결하는 데이터베이스 디자인입니다.

- **관계형 데이터베이스 관리 시스템** relational database management system, RDBMS

  관계형 데이터베이스에서 쿼리를 작성, 편집, 실행할 수 있도록 설계된 소프트웨어 패키지입니다.

- **기본 키** primary key

  레코드의 식별자 역할을 하는 필드입니다.

- **논리 연산자**logical operator

  조건을 만족하는 데이터를 찾을 때 쓰는 키워드로 주로 WHERE 절 안에서 사용합니다. BETWEEN, IN, LIKE, AND, OR 등이 있습니다.

- **데이터**data

  데이터베이스에 저장할 수 있는 정보입니다.

- **데이터 조작 언어**data manipulation language, DML

  데이터를 추가, 제거, 수정할 때 사용하는 키워드입니다. INSERT, UPDATE, DELETE 등이 있습니다.

- **데이터 타입**data type

  필드에 어떤 데이터를 저장할 수 있는지 지정하는 속성입니다. 숫자, 텍스트 등이 있습니다.

- **데이터베이스**database

  쉽고 빠르게 데이터를 검색할 수 있도록 모아놓은 걸 말합니다.

- **데이터베이스 관리자**database administrator

  데이터베이스의 유지 보수, 보안, 무결성을 책임지는 데이터베이스 전문가입니다. 데이터베이스 접근 권한과 수정 권한을 관리하기도 합니다.

- **레코드**record

  관련된 데이터가 모인 집합입니다. 최소 하나 이상의 필드로 구성됩니다.

- **레코드셋**record set (혹은 **결과셋**result set)

  성공적으로 실행된 쿼리 결과입니다. 보통 여러 레코드가 한 번에 출력됩니다.

- **메시지 패널**messages pane

  SQL 브라우저에서 쿼리 결과의 피드백을 제공하는 부분입니다.

- **메타데이터**meatadata

  데이터베이스의 데이터 구조를 설명하는 데이터입니다.

- **문**statement

  RDBMS에서 실행할 수 있는 코드의 최소 단위입니다.

- **문법**syntax

  SQL 브라우저가 쿼리를 정확히 해석할 수 있도록 SQL 문의 키워드, 순서, 구조를 지정한 규칙입니다.

- **문법 에러**syntax error

  쿼리를 잘못 사용했을 때 SQL 브라우저가 반환하는 에러 메시지입니다.

- **문자열**string

  텍스트 데이터. NVARCHAR가 대표적입니다.

- **별칭**alias

  AS 문을 통해 정의하는 필드 또는 테이블의 이름입니다. 별칭을 잘 사용하면 쿼리 결과를 더 잘 이해할 수 있습니다.

- **불리언**Boolean

  참 또는 거짓으로 표현되는 데이터 타입입니다.

- **비교 연산자**comparison operator

  값을 비교하는 연산자로 보통 WHERE 절 내부에서 사용합니다. =(일치), >(초과), <(미만), >=(이상), <=(이하), <>(불일치) 등이 있습니다.

- **산술 연산자**arithmetic operator

  일반적으로 WHERE 절 내부에서 사용하며 덧셈, 뺄셈, 곱셈, 나눗셈, 나머지 등 간단한 산술연산을 수행할 수 있습니다.

- **샌드박스**sandbox

  쿼리를 테스트, 연습할 수 있도록 실제 서버와 분리한 데이터베이스 환경입니다.

- **속성**attribute

  필드의 또 다른 표현입니다.

- **스키마**schema

  데이터베이스 테이블과 기본 키, 외래 키 사이의 관계를 나타냅니다. 엔티티 관계 다이어그램으로 표시합니다.

- **엔티티 관계 다이어그램** entity-relationship diagram, ERD

  테이블의 기본 키와 다른 테이블의 외래 키 관계 등 테이블 사이의 관계를 나타내는 데이터베이스 '청사진'입니다. 스키마라 부르기도 합니다.

- **연산자** operator

  보통 WHERE 절 안에서 사용하며 다른 SQL 절을 조합하는 키워드입니다. 비교 연산자, 논리 연산자, 산술 연산자 등이 있습니다.

- **열** column

  필드의 또 다른 표현입니다.

- **외래 키** foreign key

  다른 테이블의 기본 키를 가져온 필드입니다.

- **인수** argument

  함수의 매개변수입니다. 보통 괄호 안에 쓰고 콤마로 구분합니다.

- **절** clause

  키워드로 시작하고 추가적인 매개변수나 연산자를 사용할 수 있는 쿼리의 일부분입니다.

- **정규화** normalization

  중복되는 필드를 줄여서 데이터베이스 크기와 쿼리 실행 시간을 줄이는 기술입니다.

- **정수** integer

  소수점이 없는 숫자를 말합니다.

- **조합 키** composite key

  2개 이상의 필드를 결합해 기본 키로 사용하는 걸 말합니다.

- **집계 함수** aggregate function

  전체 필드의 데이터를 결과 하나로 묶는 함수입니다. 집계 함수는 합계, 최솟값, 최댓값, 개수, 기타 수학적 함수의 값을 반환합니다.

- **코딩 관습** coding convention

  프로그래밍 언어를 작성할 때 지켜야 할 가이드, 표준, 모범 사례입니다. 코딩 관습을 지키면 관련자들이 코드를 더 쉽게 이해할 수 있습니다.

- **쿼리** query

  원하는 정보를 요청하는 문입니다.

- **쿼리 패널** query pane

  SQL 브라우저에서 쿼리를 입력하는 부분입니다.

- **키워드** keyword

  문이나 쿼리 안에서 특정 기능을 수행하는 SQL 예약어입니다. 가장 널리 쓰이는 키워드는 **SELECT**입니다.

- **테이블** table

  레코드와 필드로 구성된 데이터 집합입니다.

- **필드** field

  특정 타입의 데이터에 할당된 공간입니다. 레코드의 특정 항목, 또는 테이블의 열 전체를 가리키는 말로 쓰일 때도 있습니다. 열, 속성이라 부르기도 합니다.

- **함수** function

  인수를 받아 연산(계산이나 수정 등)을 수행하고 그 결과를 반환하는 기능을 말합니다.

- **행** row

  레코드의 다른 표현입니다.

찾아보기

기호	
,	45
;	46
*	34, 46, 90, 87, 123, 154
%	64, 121
=	64, 102
‖	112
∞	9

A	
AND 연산자	60, 71
AS 키워드	47, 76
ASC 키워드	49
AVG() 함수	122, 124

B, C	
BETWEEN 연산자	60
CASE 문	74
COUNT() 함수	108, 122

D	
data	3, 209
database	4, 209
DATE() 함수	69
DATETIME	68, 118
datum	3
DELETE 문	167
DESC 키워드	49
DISTINCT 키워드	144
DROP 문	157

E, F	
ELSE 키워드	75
END 키워드	75
ERD(entity relationship diagram)	8, 98, 211
field	5, 47, 212

G, H, I	
GROUP BY 절	125
HAVING 절	129
IBM Db2	17
IN 연산자	61
INSERT 문	162

L	
LENGTH() 함수	114
LIKE 연산자	64, 66
LIMIT	51
LOWER() 함수	117

M, N	
MAX() 함수	122
metadata	4, 14, 32, 209
MIN() 함수	122
MySQL	17
NOT 키워드	66, 100

NOW 함수	119, 121
Null	51, 76, 94, 100
NVARCHAR	32, 110

O, R

ON 키워드	83, 87
OR 연산자	71
ORDER BY 절	49, 77, 130
RDBMS(relational database management systems)	17, 208
record	5, 33, 209
ROUND() 함수	124

S

SELECT 문	18, 139
SQL	208
SQL 문	19, 41
SQL 서버	17, 153, 172
SQLite	17, 20, 208
STRFTIME() 함수	119
sTunes 데이터베이스	23, 30
SUBSTR() 함수	115
SUM() 함수	122

T, U, W

table	3, 212
THEN 키워드	75
tuple	5
UPDATE 문	165
UPPER () 함수	110, 117
WHEN 키워드	75
WHERE 절	129
WHERE 절	57, 63

ㄱ

결과 패널	34, 48, 208
결과셋	55, 209
관계형 데이터베이스	6, 84
관계형 데이터베이스 관리 시스템(RDBMS)	17, 208
그룹화된 쿼리	127

기본 키	8, 34, 83, 123, 208

ㄴ

날짜 데이터	16
날짜 함수	109, 118
내부 조인	90
내부 쿼리	139
논리 연산자	56, 209

ㄷ

데이터	3, 209
데이터 분석	161
데이터 삽입	162
데이터 조작 언어	161
데이터 타입	14, 32, 109, 163, 209
데이터베이스	4, 209
데이터베이스 관리	161
데이텀	3

ㄹ, ㅁ

레코드	5, 33, 209
레코드셋	55, 209
메시지 패널	34, 45, 209
메타데이터	4, 14, 32, 209
문법	19, 210
문법 에러	19, 26, 47, 210
문자 데이터	15
문자열	110
문자열 함수	109, 110

ㅂ

별칭	47, 76, 86, 210
병합	112
불리언	16
뷰	151
뷰 수정하기	153
뷰 제거	157
블록 주석	42
비교 연산자	56, 210
비집계 필드	127

ㅅ	
산술 연산자	56, 210
서브쿼리	137
세미콜론	46
속성	5, 210
숫자 데이터	14
스키마	8, 210
시간 데이터	16
시간 문자열	119
실행 버튼	34

ㅇ	
아스키 문자	118
애스터리스크	34, 46, 83, 87, 123, 154
에러 메시지	37, 104, 128, 195
엔티티 관계 다이어그램(ERD)	8, 98, 211
연산자	56, 211
열	5, 211
오라클 데이터베이스	17
오른쪽 조인	94, 101
와일드카드	64, 67
외래 키	8, 34, 83, 211
외부 쿼리	139
왼쪽 조인	92, 100, 101
일대다 관계	9, 11, 13, 84, 91, 100

ㅈ	
절	19, 47, 211
정규화	86, 211
정수 데이터	14, 32
조인	81
조합 키	13, 211
주석	41
중첩 함수	124
집계 데이터	130
집계 함수	109, 122, 138, 211

ㅋ	
코딩 관습	46, 212
콤마	45

쿼리	19, 212
쿼리 패널	34, 44, 212
키워드	19, 212

ㅌ, ㅍ, ㅎ	
테이블	3, 212
튜플	5
필드	5, 47, 212
함수	108
행	5, 212